AF339432

rends l'orthographe
Si l'on punit d'écrire
home d'honeur, écurier,
Pourquoi punir,
couvrir, hommicide, henneur.

HACHETTE ET Cie

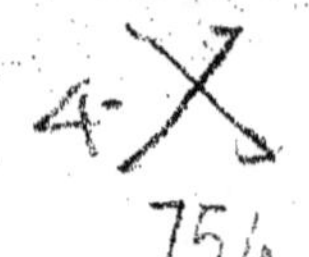

MA FEMME ET MOI

— « CHÈRE NOUNOU, VOICI MA FEMME !
« C'ÉTAIT MA SŒUR, PRÉCÉDEMMENT,
« MAIS NOUS PENSÂMES PRUDEMMENT
« A NOUS MARIER RÉCEMMENT,
« CAR NOS PARENTS SONT FRÉQUEMMENT

E
pour
A

« EN VOYAGE, ET CONSÉQUEMMENT
« IL NOUS FAUT INTELLIGEMMENT
« LES REMPLACER APPAREMMENT. »
NOUNOU RÉPOND ÉLOQUEMMENT :
— « OUI, MES ENFANTS, ÉVIDEMMENT ! »

J'apprends
L'Orthographe

L'Orthographe de l'Avenir?

PAR

MADEMOISELLE H. S. BRÉS

ALBUM ILLUSTRÉ DE 256 GRAVURES
et de Quatre Planches en Couleurs.

PARIS, LIBRAIRIE HACHETTE ET Cie

AUX MAMANS

*B*ÉBÉ *sait lire ! — Cependant, il en est encore à cette période de science précaire, où, pour mieux comprendre, tout en épargnant sa peine, il se plaît à relire jusqu'à savoir par cœur, s'il a affaire à un livre quelque peu séduisant.*

Nous voudrions lui offrir ici un de ces ouvrages qui non seulement lui plairait, mais encore, sans en avoir l'air, glisserait pour toujours dans sa mémoire certaines notions de cette orthographe usuelle si capricieuse, et pourtant si importante au cours de la vie.

Ce volume prend, en effet, l'initiative un peu nouvelle, croyons-nous, de présenter en quelques joyeuses pages presque toutes les difficultés orthographiques, — chacune se trouvant répétée dans un grand nombre de termes réunis en un même récit. Il s'ensuit de méthodiques groupements de mots que la mémoire de l'enfant enregistre tout naturellement et dont elle lui suggérera spontanément la figure lorsque plus tard ces expressions viendront sous sa plume.

Souhaitons d'ailleurs que, grâce à d'amples simplifications, le nombre des difficultés orthographiques ne tarde pas à diminuer ; — mais hélas, même alors, il restera diverses manières d'écrire presque chaque son, — d'où, bien des erreurs possibles. — Ce petit livre, tenu au courant des réformes, aura donc probablement toujours quelque opportunité.....

Quant à ses prétentions littéraires et scientifiques, elles sont nulles : c'est la nécessité de mettre certains mots en vedette qui nous a fait adopter la forme de bouts-rimés pour la moitié au moins de nos récits, bouts-rimés « en négligé » si l'on peut ainsi dire, car, pour les besoins de la cause, nous nous contentons souvent de simples assonances ; — égal sans-gêne, du reste, vis-à-vis de plusieurs autres lois de la versification ordinaire. Enfin, de parti pris, nous avons toujours préféré l'expression familière et humoristique, malgré les équivalents plus littéraires ou poétiques.

D'autre part, voulant éviter toute apparence de livre de classe et faire purement et simplement de l'enseignement par les yeux, nous passons sous silence la plupart des règles et leurs exceptions, — comme aussi nous indiquons une seule fois au « Jeu des Dérivés » le parti à tirer des mots de même souche pour constater telle lettre, qui, muette dans un mot, devient sonore dans un composé.

Mais sur tous ces points, nous en appelons comme à l'ordinaire aux douces leçons des mamans pour ajouter au moment opportun maintes explications et notions nouvelles, — ainsi que pour compléter chacune de nos pages par de petites listes de mots similaires proposées soit à l'étude, soit à la copie des enfants ; c'est là encore une partie que sans scrupule nous avons fort écourtée, sachant combien toute institutrice établira facilement ces nomenclatures, soit de mémoire, soit avec le premier dictionnaire venu.

Enfin, remarquons que nous avons multiplié les devinettes, comme excellentes pour familiariser avec les éléments des mots et leur apparence, car (sauf pour quelques accents), l'orthographe est scrupuleusement respectée et nous ne nous sommes permis aucune des libertés ordinaires dans les charades, entre autres.

Avouons d'ailleurs que par nos devinettes nous espérons retenir plus longtemps nos petits lecteurs à leur premier livre d'orthographe, — et, si notre tentative leur plaît ainsi, ils peuvent se flatter de continuer de mémorables traditions. — Ne dit-on pas que ces jeux furent un des passe-temps favoris de nos ancêtres, ou, plus loin encore, de ces illustres Grecs que l'on nous apprend de si bonne heure à révérer ?

Et, ceci établi, nous osons faire ouvertement appel à la famille pour aider à l'intelligence de certaines devinettes un peu difficiles, et pourtant maintenues afin de multiplier les exemples et d'enrichir en même temps le vocabulaire des petits chercheurs.... Peut-être quelque sœur ou frère aîné ne laisseront-ils pas d'en tirer aussi plaisir et profit ? Et ce sera le comble de nos vœux !

Note : Prière d'apprendre dès le début à l'enfant le sens spécial du titre de chaque devinette : *Énigme, Charade,* et aussi les autres moins connus : *Métagramme,* exercice où l'on change plusieurs fois une même lettre, initiale ou autre, pour former de nouveaux mots. Ex. : saison, maison, raison ; sergent, serpent, etc. *Anagramme,* où les mêmes lettres sont brouillées et combinées de diverses façons. Ex. : pâtissier, tapissier ; argent, grenat, etc. ; enfin, *Logogriphe,* où dans un mot primitif on prend les lettres nécessaires pour faire d'autres mots, Ex. : gônant, géant, gant, néant, etc. Ces deux derniers exercices sont particulièrement amusants et faciles si on y emploie les lettres mobiles.

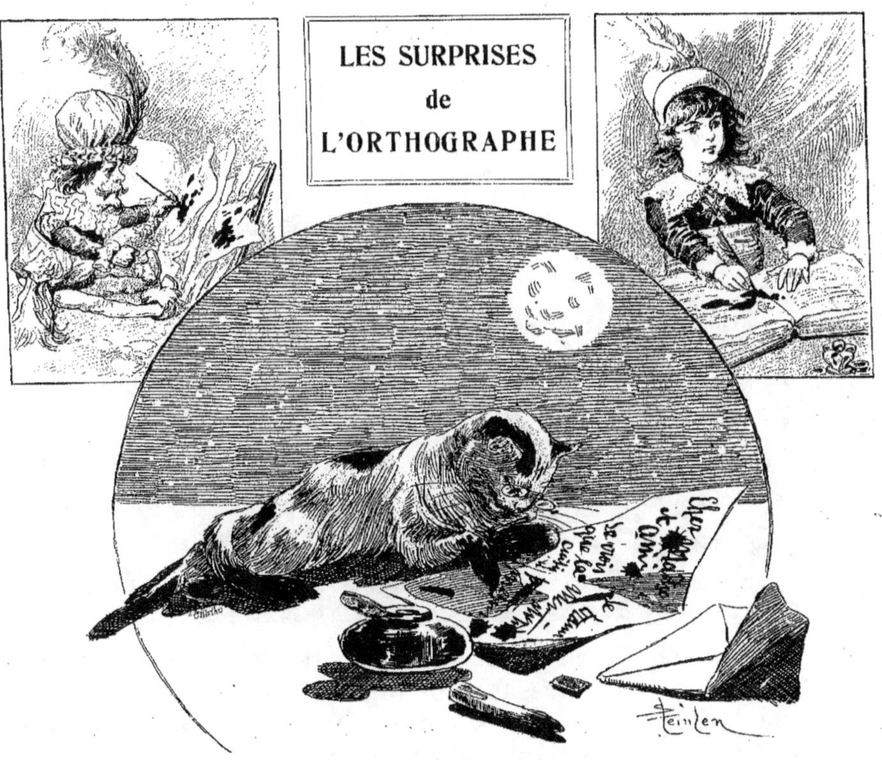

A NOS PETITS LECTEURS

REGARDEZ ce pauvre chat :
Comme il gribouille et griffonne !
Il est pourtant délicat,
Mais vienne un mot qui l'étonne,
(Et ce n'est pas rareté,
Car notre langue admirable,
Entre toutes agréable,
Est, hélas ! fort variable,)
Que faire ? sauf un pâté...

Combien de *l* dans co*ll*ine ?
Et combien dans mando*l*ine ?

Combien de *m* dans moment ?
Plus ou moins que dans *comment* ?

Quand on dit : Voici la glace,
Est-ce écrit comme la classe ?

Comment écrit-on de*main* ?
Comme f*rein* ou bien che*min* ?

Et puis, quand on dit le *maire*,
Est-ce écrit comme la *mère* ?

Et quand on dit le ma*sseur*,
Est-ce écrit comme ma *sœur* ?

Quand on dit : ruban au *mètre*,
Est-ce enfin comme cher *maître* ?..

Pour un chat, c'est un recours
Que gâchis et patarafe...
Pour les gens, il vaut toujours
Bien mieux savoir l'orthographe,
Mais, si possible, apprenons
Gaîment ses dures leçons.

CHAQUE en-tête de nos pages présente une combinaison orthographique répétée maintes fois au cours du texte et marquée en italique pour attirer l'attention. — De plus, cette combinaison se retrouve dans toutes les réponses aux devinettes. Pour résoudre celles-ci il faut donc chercher exclusivement des mots où se rencontre l'en-tête de la page : ai, ain, d final, etc.
Quant aux solutions, inscrites à rebours pour piquer la curiosité, il sera utile d'inviter les enfants à les copier redressées afin que l'orthographe se grave exactement dans la mémoire visuelle.

LOGOGRIPHE
D'où extraire :
Un maire
Maigre ?
Un air
Aigre ?
Un geai
Gai
En mai ?

Solution. — *ERIAMMARG.*

L'AIGUILLE de CLAIRE

La maman de Claire a dit ce matin d'un *air* mystérieux :
« — C'est le jour de n*ai*ssance de ta marr*ai*ne au mois de m*ai*, dans une huit*ai*ne, ne seras-tu pas bien *ai*se de lui f*ai*re une surprise ? » — « Vraiment oui, je l'*ai*me tant, répond Claire g*ai*ement ; quoi ? une p*ai*re de bas, des mit*ai*nes ? ce n'est pas la s*ai*son... » — « Non, ourle plutôt la demi-douz*ai*ne de mouchoirs que voici. » — « Cert*ai*nement ! »

Dans la m*ai*sonnette p*ai*sible, non loin du poêle de porcel*ai*ne, c'est pl*ai*sir de voir Cl*ai*re, les yeux b*ai*ssés sur son ouvrage près de la grande ch*ai*se de sa maman qui file sa l*ai*ne ; soud*ai*nement elle dit en prenant son *ai*guille dans sa main gauche : « *Aï*e ! mon doigt s*ai*gne. » — « B*ai*gne-le dans l'eau fr*ai*che »...

Cl*ai*re ne va pas comme l'écl*ai*r ; car elle veut f*ai*re parf*ai*tement bien. M*ai*s elle n'est pas distr*ai*te, ni f*ai*néante, et elle finira *ai*sément pour l'annivers*ai*re, sans qu'il soit nécessaire de l'*ai*der.

<table>
<tr><td>MÉTAGRAMME
S. M. R.</td><td>L'hiver est dure ★aison,
Il fait bon à la ★aison :
Paul y reste : il a ★aison.</td><td>MÉTAGRAMME
N. P. M.</td><td>L'agnelet qui vient de ★aître
Comme sa mère veut ★aître :
« Petit fou ! », lui dit son ★aître.</td></tr>
</table>

La laiterie
La mairie
Le clairon
Le raisin
La fraise
La braise
La laitue
La prairie

Hélas ! disait le Balai,
Mon sort est loin d'être gai !
J'ai tous les jours quelque affaire !...
Aux gens, moi je voudrais plaire,
Ah ! bien oui ! pour se distraire,
Mon maître me fait mal faire !
Chaque jour de la semaine,
En passant à la fontaine,
Il m'y plonge, puis m'abaisse,
Et contre les gens me laisse
Jeter une boue épaisse...

S'il me brandit : quelle aubaine !
En cataracte soudaine
L'eau jaillit, plus ou moins claire,
Sur civil ou militaire.
Notaire, enfants, châtelaine...
Et chacun me prend en haine :
J'ai l'air d'un farceur vulgaire...
Or, je ne puis que me taire,
Et demeurer solitaire.

Donc, je suis impopulaire
Moi qui voudrais, au contraire,
N'avoir dans tout mon domaine
Que des amis par centaine !
Ah ! chaque jour je souhaite
De prendre enfin ma retraite,
Ou bien de changer de maître...

Car il faut bien reconnaître
Que le bonhomme Nicaise
En prend un peu trop à l'aise
A me traîner sur ce quai...
Hélas ! n'être qu'un Balai,
Vraiment, c'est loin d'être gai !

C'est ici la compl*ain*te
Du bon Monsieur Germ*ain*,
Qui vivait dans la cr*ain*te
Et l'observance s*ain*te
Des lois du genre hum*ain*.

Il n'était pas mond*ain*,
Mais légal châtel*ain*
Et maître souver*ain*
D'un domaine loint*ain*,
Avec un lac proch*ain*.
Beau temps ou temps vil*ain*,
Il y pêchait en v*ain*...
La carpe, avec déd*ain*,
Regardait dans sa m*ain*
La ligne riche en gr*ain*,
En vers, en mouche, en p*ain*
(Avec ou sans lev*ain*),
Et même en massep*ain*....
Comme un triste refr*ain*,
Il disait : « A dem*ain* ! »

Or, un beau jour, soud*ain*,
Ça mord ! — « Par saint Germ*ain*,
    « Mon parr*ain* !
« J'en tiens un, quel beau g*ain* ;
« Et certe, il n'est pas n*ain* ! »
Il s'élance... Ah ! quel b*ain* !...

Mais voici que grand tr*ain*,
S'avance un river*ain*,
Le vaillant garde, Urb*ain*,
Qui dit d'un air haut*ain*
Et d'une voix d'air*ain* :
— « Lisez donc ce quatr*ain*
« D'un très bon écriv*ain*,
« Cela dit que tout b*ain*
« Est ici fort mals*ain*.
« Donc, pour vous en conv*ain*cre,
« Soit bon gré, soit contr*ain*te,
« Mon cher contempor*ain*,
« Je vous dresse une pl*ain*te. »
— « Ah ! dit Monsieur Germ*ain*,
« J'ai grand tort, c'est cert*ain*.
« Je suis bien conv*ain*cu
« Hélas ! même v*ain*cu,
« Mais vite, au sec sur le terr*ain*.
« Sors-moi de ce Jourd*ain* ! »

CONTRAINDRE
ET
CONVAINCRE

— Il a triste maintien votre Africain, maître Romain.

— Mon Africain ?...

— Oui, ce porc-là, n'est-il pas nègre ?

— Ah ! c'est vrai qu'il est plus couleur fusain que châtain ; avec cela, déjà une boule de saindoux, et mangeant tout sans se plaindre comme un gai poulain, le sainfoin, le plantain, n'ayez crainte !

— Vous plaît-il ainsi ? »

— Oui certes, en route maintenant.... »

Contraindre !

Convaincre !

MÉTAGRAMME	MOTS A COMPLÉTER	LOGOGRIPHE
La baignoire est pour le ★ ain ;	De l'Afrique vient l'"....cain ;	Trouve au métropolitain :
Le bain trop chaud n'est pas ★ ain ;	D'Amérique l'....cain ;	Des wagons ; un Italien ;
Le géant n'est pas un ★ ain ;	Du Mexique le ....cain ;	Métal mou ; ville ; aliment ;
Le nain se grandit en ★ ain ;	De Lorraine vient le ....rain ;	Bout du bras ; Gémissement ;
Le boulanger vend le ★ ain,	De Naples le ....tain ;	Adjectif, son féminin ;
Le pain pétri de sa ★ ain.	Enfin de Rome le ....main.	Rivière et département.

Solutions. — Log. NIATILOPORTÉM, NIART, NIAMOR, NIATÉ, NIAT, NIAP, NIAM, TNIAM, ETNIAM, NIA, NIA.

= AU — pour — Ô =

CLAUDE GATE-SAUCE

Voici le Gâte-Sauce, Claude,
Qui joue à la bille par fraude ;
Mainte cuisine le maudit,
Au contraire, lui s'applaudit
De faire en route quelque pause ;
Il court, il saute, il rit, il cause
Avec Aurèle, avec Guillaume,
Lançant la toupie ou la paume...
Sur le banc le panier embaume,
Et voilà le chien Chiquenaude
Qui sent de loin la sauce chaude.

Il s'en vient rôder tout autour,
C'est le meilleur chien du faubourg ;
— « Sous le drap, voyons le chaudron,
« Dit-il : Gibier, bœuf ou saumon ?
« Ce serait trop de loyauté
« Et même de la cruauté
« De flairer sans manger aussi....
« Goûtons ce beau pâté jauni ! »

Midi sonne... Claude se sauve...
Sous son bonnet à ruban mauve,
La cuisinière a l'air austère ;
Elle dit : « Vite, la saucière
« Et le tout ! » — Pauvre dame Paule !
Un chien lui bondit sur l'épaule...
Claude, Claude, gare à la gaule !

MÉTAGRAMME	LOGOGRIPHE	ANAGRAMME
Cadichon s'éveille à l'au✳e,	*Tirer d'aubergiste :*	*Huit pieds : entretien exquis ;*
Cadichon, notre baudet ;	*Bond ; plante ; hareng ;*	*Brouillez, bol pour le coulis ;*
Il boit un peu dans son au✳e,	*Sens de différent ;*	*Puis, l'art de faire un salmis.*
Puis, d'une voix de fausset,	*Sévère ; un peu triste ;*	**MÉTAGRAMME**
Il brait, le cou long d'une au✳e.	*Outil serrant ; gîte*	*Neuf pieds, modeste maison ;*
Cadichon, notre baudet.	*D'écureuil ; bois blanc, etc.*	*Cœur changé, vaste chaudron.*

SAUVE QUI PEUT !

Aujourd'hui Maurice, Auguste et Laurent se sont réveillés à l'auberge du village et, dès l'aube, les petits touristes se sont faufilés dehors, non sans s'être auparavant munis de gaufres pour déjeuner loin de toute chaumière. Les voilà dans un pré non fauché où des vaches, la Jaune et la Chauve causent en broutant les sauges lilas et les liserons sauvages qui fleurissent les aubépines et les saules.

C'est le royaume des fauvettes, des sauterelles et aussi des taupes qui font avec précaution leurs taupinières.

Laurent a une idée saugrenue : — « Je parie, dit-il, de faire sauter mon couvre-chef sur la corne gauche de la Jaune. » Aussitôt dit, aussitôt fait. — « Oh ! maugrée la Chauve, maudit enfant, quelle audace ! »

Et elle beugle d'une voix rauque, en secouant maussadement la tête ; l'autre se lève d'un saut et l'air mauvais regarde autour d'elle…. Sauve qui peut !… — Alors la vache se recouche, en disant : « Pauvres nigauds ! qu'ils usent leurs chaussures ! je ne vais pas m'échauffer à courir comme une automobile ! »

= C Final =

MONSIEUR DE CRAC

C'est ici Monsieur de Crac,
En tricorne, épée et frac,
La ceinture à l'estomac,
Et les gants couleur mastic.
Il étonne le public,
Disant, d'un air noble et franc,
La main et l'épée au flanc,
Tout en prisant du tabac,
Ou bien fumant comme un Turc :

« J'ai plus d'un tour dans mon sac,
« Dans ma tête plus d'un truc.
« Jadis, chez un archiduc,
« (Vous savez, le prince Luc,)
« Un soir, j'éclairai le parc
« Simplement en tirant l'arc,
« Et décrochant d'un coup sec

« Des étoiles... pas d'échec.
« Par grand malheur, dans son lac,
« L'une vient tomber à pic
« En s'éteignant ric et rac ;
« Aussitôt, un vieux syndic,
« Méchant comme l'arsenic,
« Et représentant du fisc,
« S'indigna, l'air porc-épic.

« Vainement, avec un croc,
« On plongea. — Moi, par un troc,
« Je refis l'astre en fer-blanc
« Gros et brillant comme un franc.
« Puis, au ciel, du tac au tac,
« Je rendis ce bric-à-brac...
« Qui, depuis lors, brille avec
« Les autres, sous un nom grec. »

LOGOGRIPHE		CHARADE
De Pernambouc d'Amérique	Puis un hareng frais salé ;	Mon premier commande les rois ;
Tirer : Empire d'Afrique ;	Puis le reste du café ;	Mon second domine la terre ;
Ensuite un parler ancien ;	Une roche ; un grand enclos ;	Et de mon tout, pris dans un bois,
Une ville près d'Agen ;	Un siège étroit ; un bateau ;	Une reine illustre, autrefois,
Une arme ; un pot pour le vin :	Puis la bouche des bipèdes ;	Se fit une arme meurtrière.
	Pour finir deux quadrupèdes.	

Un jour, mon ami Frédéric
Alla dans ce jardin public
Où, d'Orient et d'Occident,
A travers plus d'un accident,
Des bêtes vont s'accumuler
Soi-disant pour s'acclimater :
De l'Arche, c'est la succursale !

Kangourou bondit par saccade ;
Chameau, de bosses accablé,
Va d'un pas moins accéléré ;
Bientôt au Zèbre a suc-   cédé
Hippopo, le mal ac-   coutré,
Lourd et stupide comme   un banc
Et fort méchant, pour
  [parler franc.

On les voit en foule accourir
En grimaçant, puis s'accroupir
Dans quelque coin, ou s'accouder
A la grille, puis s'accuser,
Sauter, se battre et s'accorder
Sans rancune pour accomplir
Quelque farce, ou pour accueillir
Un fruit, un bonbon succulent,
Chacun grognant en son accent :
« Manger, quelle occupation
Charmante en toute occasion ! »

Du spectacle inaccoutumé,
Frédéric, trop accaparé,
Marche au hasard.... Ah ! quel accroc...
Croyant qu'il s'agit d'un escroc,
La dame, qui reçoit un choc
Cric en là-   chant ombrelle et sac,
Puis, voilà   gifles, flic et flac,
                      Tombant à pic
                      Sur Frédéric :

Puis voici l'Éléphant. Quel bloc !
Énorme et ferme comme un roc,
Sa jambe est grosse comme un tronc,
Sa queue est fine comme un jonc.
Partout, il s'entend acclamer ;
On voudrait lui faire accepter
Sucre, gâteaux, pipe et tabac.
« Il sait fumer, dit son cornac,
« Mais il en prend mal d'estomac.... »

Vient dame Autruche au long cou sec
Qui rue, en crachant à plein bec,
Aussitôt qu'on veut l'accoster ;
Girafe peut l'accompagner....
Une autre porte donne accès
Chez les Singes. Là, grand succès !

Respectons tout accoutrement,
Évitons tout saccagement !

LOGOGRIPHE I	II	III
Sur huit pieds mésaventure ;	*Huit pieds : sauf prix, le mieux ;*	*Neuf pieds : soufflet à musique ;*
Sans cœur, signe d'écriture.	*Sans queue, instant fiévreux.*	*Six pieds : sons en groupe unique.*

LUCIEN LE FARCEUR

Un certain petit garçon,
Qui n'aimait pas sa leçon,
Vagabondait sans façon.
Un jour, rôdant sur la place,
Il vient par derrière Ignace
Et, sans troubler celui-ci,
Il enfourche sans merci
Le bicycle que voici.
    Ignace s'élance,
    L'autre le devance
Écrasant comme une puce
Le toutou de dame Luce !
— Holà ! holà ! la police....
Lucien suit son caprice
Et culbute, sans annonce,
Le grand marmiton Léonce.

L'autre pousse un cri féroce :
— « C'était un repas de noce ! »
Chacun poursuit et menace
Ce gamin de Lucien
Qui va tomber dans la glace
De Vincent, pharmacien.
Et voilà tout en morceau :
Cycle, vitre et jouvenceau !

Vite, vite, un médecin !
Il ordonne du ricin,
Prédit une cicatrice
Et fait payer son office....
Puis il faut payer Ignace,
Luce, Léonce et Vincent,
Cinq francs, dix francs, même cent, —
Et papa fait la grimace....

LA REMONTRANCE

LOGOGRIPHE

D'une pâte alimentaire,
Tirer : plante potagère ;
Remercîment ; grand défaut ;
Le contenu du cerveau ;
Sommet ; poil de la paupière ;
Arène et toit de la terre ;
Œuvre d'abeille ouvrière ; etc.

CHARADE I

Mon premier est vert ;
Mon second est bleu ;
Et mon tout est précieux.

II

Un te sert quand tu couds,
Deux, d'un mont est le bout,
Et le tout vaut deux sous.

ANAGRAMME I

Six pieds, je rampe au jardin,
Mêlez, je suis tour malin.

II

D'abord verbe, je dis : pardonne ;
Mêle : et fumeur m'affectionne !
Ou décrotteur me frictionne.

Solutions. — *Log.* : ELLECIMREV, IRELÉC, ICREM, ECIY, ELLEYREC, EMIC, LIC, ECIL, LEIC, ERIC. — *Char.* I. XUEIC-ÉRP.   *Char.* II. EMIC-ÉD.
Anag. I. ECAMIL, ECILAM. — II. EICARG, ERAGIC, EGARIC.

= *D Final* =

Par le soleil, par le brouillard,
Qui pêche toujours? C'est Bernard.
Sa mère est veuve... pain et lard,
Sans lui manqueraient au placard.
Rentrant aujourd'hui panier lourd,
De joie, il chante comme un sourd.

Qui dort au chaud comme un lézard?
Pour pêcher, toujours en retard,
Ne travaillant que par hasard;
Paresseux, menteur et bavard,
Qui vit de vol, comme un brigand?
C'est le mauvais garçon, Armand.
A pas de loup, d'un pied fuyard,
Il suit Bernard, l'air goguenard.

Dans le panier, plein jusqu'au bord,
Les homards sont en désaccord;
La pince en l'air comme un poignard
Ils se bousculent sans égard....
Voici la main du vagabond
Qui, pour mieux s'emplir, glisse au fond;
Mais un beau petit homard blond
Serre avec rage son doigt rond;
En vain il recule d'un bond,
L'autre le retient furibond;
Armand crie et geint tout penaud....
Se retournant vers le maraud:
« On dirait vraiment le renard
Que la poule a pris », dit Bernard.

MÉTAGRAMME

Qui garde les secrets qu'il lit ? — C'est le b ★ vard.
Et quel autre aussitôt les dit ? — C'est le b ★ vard.

CANARDS ET CRAPAUDS

Quand à l'eau vont les canards, — Voici le chant des crapauds :

Ce premier canard
Est un peu bavard,
Et pataud.
Ce second canard
Est un peu pillard,
Et finaud.

Cet autre canard
Est un peu vantard,
Et badaud.
Ce nouveau canard
Est un peu musard,
Et lourdaud.

Ce dernier canard
Est fort nasillard,
Et courtaud.
Et tous ces canards
Ont peur des têtards
Moricauds.

EN RETARD A L'ÉCOLE

Plus de froid! ni de vent du nord! à bas foulard chaud et plaid.

Les oiseaux font leurs nids et les moutards flânent.... Voilà d'abord Edmond, le campagnard, l'air hagard; le second tout penaud, c'est Léopold, le fils du marchand de pétards.

Sur le boulevard ils ont regardé ici un tisserand, là un léopard empaillé, puis les grands hussards défilant avec leur étendard à glands d'or.

Quand un bon vieillard leur a dit l'heure, ils n'ont fait qu'un bond.... Trop tard, hélas ! la porte se fermait en criant sur ses gonds. Aussi quels regards !

MÉTAGRAMME

Je suis un beau département
Du midi de la France;
Puis un végétal odorant :
Une arme au fer étincelant
Qu'au loin on lance ;
Puis sorte d'onguent colorant;
Puis ce qui ne vient pas à temps;
Enfin, un solide aliment
Des paysans de France.

Solutions : DRAG, DRAN, DRAD, DRAF, DRAT, DRAL.

JEAN FARINE et JEAN LA SUIE

Noir et blanc comme une pi*e*,
Jean-Farine et Jean-la-Sui*e*
Se rencontrent dans la ru*e*,
Et tous deux à cette vu*e*
Font la grimace et la mou*e*.

JEAN-LA-SUIE

Comme elle est pâle ta jou*e*,
O ma blanche petite oi*e* !
Je le constate sans joi*e* ;
Reviens-tu de maladi*e* ?
Ou bien es-tu fait en mi*e*
De pain, sans cachotteri*e* ?

JEAN-FARINE

Rentre dans ta cheminé*e*
Et tais-toi, noir scarabé*e*,
Dont l'éponge est l'ennemi*e*
Et l'ombre la seule ami*e* !
Va, toi plus noir que la bou*e*,
Va, sur les toits, fais ta rou*e*.

JEAN-LA-SUIE

Oui, je chasse la fumé*e*,
Et, sans moi, point de fourné*e*
Pour toi, de toute l'anné*e*....
Mais j'ai fini ma journé*e*,
Et je m'en vais en soiré*e*.

JEAN-FARINE

Assez longue causeri*e*,
Voilà pour toi, Jean-la-Sui*e* !

Quelle affreuse batteri*e* !
Coups de poing comme massu*e*
Font retentir l'avenu*e*.
Ils roulent sans retenu*e*,
Dessus, dessous, en cohu*e*....
Mais soudain, sorcelleri*e* !
Jean-Farine semble en sui*e*,
Et l'on dirait qu'une ondé*e*
Ou même une giboulé*e*,
A blanchi comme dragé*e*
Le second Jean, par risé*e*.

LES ŒUFS DE PAQUES

UN ŒUF !.. UN ŒUF !... ENCORE UN ŒUF !...
LE CHAR EST PLEIN !... FORT COMME UN BŒUF,
ANDRÉ LE TRAINE ET LE MANŒUVRE ;
RUTH SERRE SA MAIN COMME UN NŒUD
AUTOUR D'UN ŒUF VERT, — UN CHEF-D'ŒUVRE !

ŒU pour EU

BRAVO ! RÉPÈTENT-ILS EN CHŒUR,
ET, REJOIGNANT LA GRANDE SŒUR,
CHAQUE MARMOT, DE TOUT SON CŒUR,
VIENT, DÉSIRANT DE TOUS SES VŒUX
QUE CHAQUE POULE AIT DE TELS ŒUFS !

La
DICTÉE
au
LYCÉE

Mes enfants, faisons la dictée ;
C'est toujours une heureuse idée ;
A l'école, au cours, au lycée,
On en fait toute la journée,
Et dans la bonne compagnie
On y peine un quart de la vie.
Vite, sans faute et sans bévue,
Passons quelques mots en revue :

Le musée
Le camée
Le mausolée
Le pygmée
Le rez-de-
chaussée
Le chasse-marée
Le génie
Le messie
L'impie
Le parapluie
Le foie (de veau)

On dit : tranchant comme une épée,
Et maigre comme une araignée.
On dit : adroit comme une fée,
Amer comme la chicorée ;
Tranquille comme une poupée
Et brillant comme une fusée.
On dit : frais comme la rosée,
Et léger comme la fumée.

On dit : bruyant comme la rue,
Aplati comme une morue.
On dit : lent comme une tortue,
Et raide comme une statue.
On dit : lourd comme une massue,
Dangereux comme la ciguë,
Et tendre comme la laitue.

On dit : vert comme la prairie,
Et babillard comme une pie ;
Desséché comme une momie,
Aussi froid que la Sibérie,
Puis ronflant comme une toupie,
Et grinçant comme une poulie.
On dit aussi : noir comme suie,
Puis ennuyeux comme la pluie.

On dit : piquant comme une ortie,
Et gonflé comme une vessie ;
Et beau comme une féérie.
On dit : crier comme une orfraie,
Et l'on dit : blanc comme la craie ;
Puis on dit : fin comme la soie,
Enfin, stupide comme une oie.

MÉTAGRAMME I

Ce vin laisse de la ★ie.
Le pain contient croûte et ★ie ;
On dit la bourse ou la ★ie,
A Jean qui répond : ★ie !

II

L'oiseau picote une ★aie,
Près de son nid sur la ★aie.
Le crayon fait une ★aie :
L'oreiller est dans sa ★aie.

LOGOGRIPHE I

D'une boulangerie
Tirer : force tableaux ;
Crotte ; fond des tonneaux ;
Puis roule ; disque ; impôts ;
Vapeur ; pâtisserie ;
Deux pays ; deux oiseaux ;
Signe d'écueil sur l'eau ;
Froid aux doigts ; talent haut ;
Nuages et flambeaux, etc.

II

Quatre lettres forment mon nom :
Je suis l'œuvre d'une chenille :
Je deviens sans queue un pronom ;
Enfin sans tête un volatile.

MÉTAGRAMME III

J'éclabousse bêtes et gens,
Puis voilà que chacun m'embrasse,
Alors je fais une grimace,
Enfin, je tourne tout le temps.

Solutions. — Log. : I. EIREGNALUOB, EIRELAG, EUOB, EIL, EUR, EANR, EIGÉR, EÉUR, EILBUO, EIRÉGLA, EÉNITG, EIO, EUBG, EÉUOB, EELENO, EINÉG, EUR, EÉUN, EIGUOB. — Log. II. EIUS, IOS, EIO. — Mét. III. EUOB, EUOJ, EUOM, EUOR.

3

Au BORD du RUISSEAU

Au bois de Fontainebl*eau*,
Noble dame Bigarr*eau*,
Une chienne du chât*eau*,
Promène, au pied du cot*eau*,
Ses quatre fils en troup*eau*.

Voici le bord d'un ruiss*eau*....
Où passer ?... Aucun rad*eau* !
Et pas même un vieux tonn*eau*
Qui servirait de bat*eau*....
L'autre bord paraît si b*eau* !...

Que n'est-on léger ois*eau* !...
Ou frétillant maquer*eau* !...
Mais entre queue et mus*eau*,
Cette mère, en son cerv*eau*,
Déjà trouve un truc nouv*eau*.

Admirez ce soliv*eau* !
Pont de chair, d'os et de p*eau*.
Trois à la fois ! Quel fard*eau*,
Si l'on n'est pas un cham*eau*...
N'importe, on passera l'*eau* !

MÉTAGRAMME I

Chef changeant sans répit :
— Je suis ton petit lit ;
Puis ton jouet chéri.
— Bonne pâtisserie ;
Puis outil de prairie.
— Arbre en moelle rempli ;
Puis meuble où l'on écrit.

II

Cœur changeant pour la suite :
— J'offre coursier d'élite ;
Puis coiffe de visite.
— Oiseau de noir paré ;
Puis corde à mesurer.
— Enfin, noix très peu faite ;
Et contenu de tête.

LOGOGRIPHE

Que l'on mette
Bas ma tête
Me voilà devenu
Contenu.

ÉNIGME

Cinq voyelles, une consonne
En français composent mon nom,
Et je porte sur ma personne
De quoi l'écrire sans crayon.

CHARADE I

Un sonne la chasse,
Et deux n'est pas laid ;
Mais le tout sans grâce
Ce soir croassait.

II

Mon 1er se trouve en musique ;
Et d'ailleurs aussi mon second ;
Mon trois est bête domestique ;
Et mon tout soutient le plafond.

III

De mon 2 sont faits les souliers ;
Pour le bonheur des savetiers
Bientôt s'y montre mon premier ;
Et dans les champs paît mon
                              [entier.

IV

Mon un ? travail de plume et
                          [d'encre ;
Deux ? Le marin y jette l'ancre.
Et sans voix donnant des avis
Mon tout dit : Par là... Par ici...

Solutions. — *Mét.* UAECHEB, UAECHEC, UAETAG, UAETAR, UAERUS, UAEROR, UAEMAHC, UAEPAHC, UAERROC, UAEDROC, UAENREC, UAEVREC — *Log.* UAES, UAE. — *Énig.:* UAESIO. — *Char.* I. CAFB-ROC. II. UAEV-I-LOS. — III. UAEP-OURT. — IV. UAE-TIRCE.

UN BEAU CHAPEAU

Le petit pastour*eau* va aller à la fête du ham*eau*; il a déjà fait paître son troup*eau*.

Maintenant, Isab*eau* orne le chap*eau* de son jum*eau*; à genoux sur l'escab*eau*, elle attache une plume de corb*eau* de toute b*eau*té et une branchette de boul*eau* argenté. En même temps, elle demande : Le petit v*eau* a-t-il encore eu peur des ois*eaux*?

—Bien sûr! Comme un moin*eau* était tombé près de lui du grand orm*eau*, il est allé cacher son mus*eau* dans un arbriss*eau* voisin. Bon, un souric*eau* lui part entre les jambes ! Ah la belle fuite ! Il a failli briser un barr*eau* de la barrière et renverser un des pot*eaux*. Le taur*eau* avait l'air très mécontent de lui.

— Et mon chevr*eau*, et mon agn*eau* blanc?

—Ils s'apprivoisent, et, avec mon cout*eau*, j'ai fait un sifflet de ros*eau* pour les appeler près de moi.

— Allons, voilà ton chap*eau* : prends ton mant*eau* et un morc*eau* de gât*eau* de prun*eaux* pour ta route. N'oublie pas tes commissions : pour papa un mart*eau* et un rât*eau*; pour maman un plum*eau* et un échev*eau* de coton; pour le petit frère un cerc*eau*....

— Bon! Et j'y ajouterai encore un cad*eau* pour toi!

= EI — et — EIN =

UNE BOULE
DE NEIGE
SANS
PAREILLE

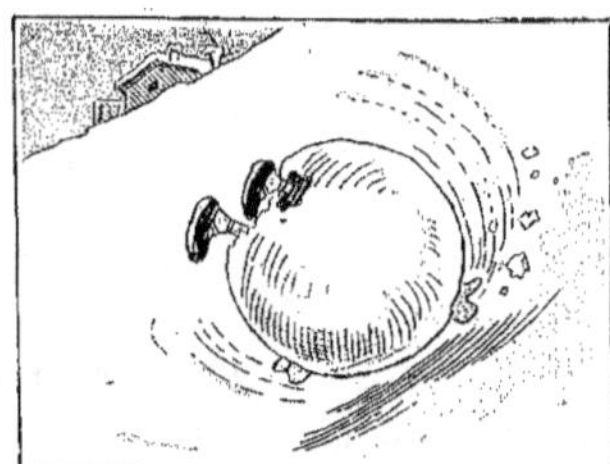

Pas de fleur ni de perce-neige,
C'est encor le temps de la neige
Sous qui dorment l'herbe et le seigle....
Avec gants et cache-nez beige,
Fanfan, qui s'arrache au sommeil,
Sur son traîneau glisse au soleil,
Dressant vers le ciel son orteil.
Comme l'éclair, sans cran ni frein,
Il file sous le ciel serein.

Holà ! holà ! quelle merveille !
Ou catastrophe sans pareille !
Plus de visage au nez vermeil,
Pas un cri pour donner l'éveil,
Plus rien de Fanfan, sauf l'empeigne
De ses souliers, piteuse enseigne....
Ah ! sur son sort qu'on me renseigne ?
Cette boule m'alarme en plein :
Que se passe-t-il dans son sein ?

Le beignet
Le peigne
Le peignoir
L'éteignoir
Enseigner
L'empreinte
Peindre
Atteindre
Éteindre

Tour sur tour, onze, douze, treize,
La boule roule ! Enfin, à seize,
Ça cogne à la porte de Reine
Et de sa tante Madeleine.
Elles s'entendent à merveille,
L'une pas jeune et l'autre vieille.
Boum ! boum !... Elles prêtent l'oreille...
Vite, elles ouvrent à grand'peine,
Et de pitié leur âme est pleine.

Sortant de sa blanche corbeille,
Le visage rouge-groseille,
Fanfan sanglote à perdre haleine,
En soufflant comme une baleine.
« Fanfan, rien ne te sert de geindre
« Et garde-toi surtout d'éteindre
« Avec tes pleurs, mon feu, dit Reine,
« Car je fais du thé de verveine. »
Oh ! ça, Fanfan, c'est de la veine !

ARITHMÉTIQUE EXTRAORDINAIRE.

*Prendre certains mots de
7 lettres, en ôter 3. Reste? Rien...
Soit la soustraction :*
$$7 - 3 = rien.$$
Quels sont ces mots?

CHARADE I

*Mon second du mal est contraire;
Mon un n'est pas vêtu d'un brin;
Et mon tout aussi ne l'est guère,
Car l'équateur est son voisin.*

II

*Mon premier vaut moins d'un
        Mon second vient   [liard;
        Après le mien;
Et mon tout, bâton du vieillard.*

LOGOGRIPHE

*Fils de Sparte, sur douze pieds;
Coupez : vieux; ville; fleuve;
                [acteur;
Sujet turc; jardin enchanteur;
Pronom; ainsi soit-il; lacet.*

Solutions. — *Arith.* : NEIRUAY, NEIRPYC,
NEIDRAG, *etc.* — *Char. I* : NEIB-UN. — *II* : NEIT-
UOS. — *Log.* : NEINOMÉDÉCAL, NEICNA, NEDA,
NEMÉIN, NEIDEMOC, NEINODÉCAM, NEDE, NEIM,
NEMA, NEIL.

ADRIEN LE VAURIEN

Voyez-vous ce piteux mainti*en*?
C'est cette peste d'Adri*en*
Ruisselant et diluvi*en*,
Dont la baignoire est bel et bi*en*
L'eau de chaux du pharmaci*en*
Dont il voulait blanchir le chi*en*!...
Vraiment, c'est le pire vauri*en*
Des petits gars europé*en*s
Comme des peuples mitoy*en*s.

Chipeur comme un bohémi*en*,
Sans avoir jamais l'air de ri*en*,
Il vous prend le ti*en* pour le si*en*. —
Farceur comme un Parisi*en*,
Quand deux personnes causent bi*en*,
Il interrompt leur entreti*en*,
En leur criant que loup vi*en*t. —
Quand, à l'auberge, un citoy*en*
S'attarde, Albert ou Juli*en*,

Avec des ruses d'Indi*en*,
Il s'en va couper le li*en*
De leur baudet qui s'en revi*en*t
Tout seul chez soi, sans son gardi*en*.

Bavard comme un comédi*en*,
Il plaît à Pierre, à Luci*en*,
Au jeune aussi bien qu'à l'anci*en*;
Mais nul travail quotidi*en*!...
Le soleil au méridi*en*
Voit dormir ce paroissi*en*,
Frileux comme un Itali*en*.

Plus tard, il sera lycé*en*
Soit de Gi*en*, d'Ami*en*s ou d'Ag*en*,
Soit de quelque port vendé*en*,
Partout manquant chaque exam*en*...
De le corriger, pas moy*en*.
Sa sœur se désole : ô combi*en*!...
Hélas! mes amis, quel vauri*en*!

Note : 1° **en** *se prononce* **ène** *dans* amen, spécimen, *{ dans* agenda, appendice, Benjamin, benjoin, Bengale, exa-
abdomen, lichen, *etc.* 2° **en** *se prononce* **in** *après* **i** *et* **y** *et { men,* européen, lycéen, pensum, *etc.*

LOGOGRIPHE 1

Six pieds, un voleur
Me prend fréquemment ;
Cinq, avec ardeur,
C'est moi qui reprends
Le voleur souvent.

MÉTAGRAMME 1

Sur sept pieds : odeur ;
Chef changé : trompeur ;
Puis, manque d'ardeur.

DOUCHE D'ENCRE

Écolier modèle en tous *sens*
Et la crème des braves *gens*,
Ce matin, le gros Val*en*tin,
Avec peine achevait *en*fin
Une analyse *en*chevêtrée,
De difficultés *en*combrée.

Mais, voici venir maître Henri,
Sot et paresseux *en*durci
Quoiqu'il ait des façons g*en*tilles ;
Il bombarde (en grain de l*en*tilles
Et de pois) Valentin p*en*sif,
Au travail toujours attentif

L'*en*torse
L'*en*flure
Le m*en*ton
Le d*en*tiste
La p*en*dule
La p*en*sion
L'*en*gelure
La s*en*tinelle
La f*en*te
La p*er*venche

« Quel lourdaud ! est-il *en*gourdi ?
« Pense Henri, peut-être *en*dormi ?
« Et puis, saurait-il se défendre ?
« Eh bien, il va voir sans attendre
« Que j'ai malices à revendre ! »

Valentin, en son *en*crier,
Paraît occupé tout *en*tier,
Sans rien *sen*tir, ni rien *en*tendre...
Tout à coup, quelle douche d'*en*cre !...
Tel est surpris qui croit surprendre.

MÉTAGRAMME II	LOGOGRIPHE II	CHARADE II
Reste de braise et brindille ;	*En passementerie :*	*Un, du marchand fait l'aubaine ;*
Le mari de votre fille ;	*Contraire de sortie ;*	*Deux, vient 7 fois la semaine ;*
Ce qu'est le pain qu'on mordille ;	*Revenu ; condiment ;*	*Tout, un seul jour s'y promène.*
Le contraire d'acheter ;	*Chemin ; mesure agraire ;*	**III**
Et celui d'accaparer ;	*De vérité contraire ;*	*Par un, baleine va crachant ;*
Flotter au bout d'une attache ;	*Cadeau ; lien du sang ;*	*Par deux, gigot va s'embaumant ;*
Enfin couper à la hache.	*Complet ; parmi ; penchant ;*	*Par le tout, on va s'aérant.*
CHARADE 1	*Revers ; promesse ; ville ;*	**IV**
Beau cocher, sur mon premier,	*Fleur ; bois du cep ; reptile ;*	*Mon second sert de défense*
Ralentis à mon dernier,	*Bout du pain ; amasser ;*	*A mon premier qu'on offense ;*
Si tu veux que ton entier	*Dire faux et flairer ;*	*Mon tout fait un bien immense*
Arrive en bas bien entier.	*Réfléchir et greffer.*	*En tisane, sans dépense.*

Solutions. — Log. : TNEGRA, TNEGA. — II. EIRETNEMESSAP, RÉRTNE, ETNER, TNEMIP, REITNES, TNEPRA, EIRETNEM, TNESÉRP, ÉTNERAP, REITNE, EHTNE, ETNEP, TNEMERAP, TNEMRES, SNES, EÉSNEP, TNEMRAS, TNEPRES, EMATNE, RESSATNE, RITNEM, RITNES, RESNEP, RETNE. — Mét. : I. RUETNES, RUETNEM, RUETNEL. — II. ERDNEC, ERDNEG, ERDNET, ERDNEV, ERDNER, ERDNEP, ERDNEF. — Charades : I. ETENP-RAHC. — II. ID-ERDNEV. — III. LIATNEVÉ. — IV. TNED-NEIHC.

Le règlement
La négligence
La turbulence
La sentence
La pénitence
Le châtiment
L'aliment
Le froment
La semence
La patience
Le ciment
Le bâtiment
Le monument

Ah! vous dirai-je vraiment
Ce qui cause le tourment
Du bon peuple de Valence,
Entre Savoie et Provence?...
    C'est le vent!

Quand le premier président,
Et l'avocat de talent
Vont d'urgence à l'audience,
Qui souffle, avec insolence?...
    C'est le vent!

Qui fait, d'un air innocent,
Tortiller comme un serpent
Le long boa de Florence,
Et japper son chien Prudence?...
    C'est le vent!

Lorsque le petit Clément,
De son chapeau tristement
Constate la turbulence,
Qui redouble en violence?...
    C'est le vent!

Qui pourchasse en ce moment
Ce couple et ce beau sergent,
Et de débris en démence
Menace leur existence?...
    C'est le vent!

Et savez-vous, à présent,
Qui force monsieur Laurent,
Raide comme une potence,
A faire la révérence?...
    C'est le vent!

Enfin, sous le firmament
Semé d'étoiles d'argent,
Qui ne fait jamais silence
Lorsqu'on s'endort à Valence?...
    C'est le vent!

MÉTAGRAMME

Avec sept pieds, bravement,
Je parade au régiment.
Changez mon cœur seulement,
Je suis reptile à présent.

TNEGRES, TNEPRES

Note : 1° **ent** = *terminaison de tous les adverbes de manière.*— 2° *Quelques rares mots ont la terminaison* **ense,** *ainsi: immense, intense, et les dérivés des verbes : dépenser, offenser, penser, récompenser.*

DOMINOS CONSONNES DOUBLES

Préparer des dominos en carton comme ci-dessus, puis jouer suivant les règles ordinaires.

La famille Le Joufflu,
Esprit court et peu touffu,
Depuis fort longtemps diffère
Un grand voyage d'affaire :
Au nord, chez un raffineur,
Au midi, chez un coiffeur,
A l'est, chez un officier,
A l'ouest, chez un greffier...
Partir seul serait affreux
Pour un cœur affectueux,
Et plein d'affabilité ;
Partir tous, difficulté...

Pourtant, il faut s'affermir ;
A trois, on doit moins souffrir,
Et, par un jour plein d'effroi,
Quand l'heure sonne au beffroi,
A la gare, à bout de souffle,
Les voilà... Hélas, quel gouffre !
— « Passons d'abord au buffet »,
Dit le bon père. En effet,
Ils sont tous très affamés,
Et par la course assoiffés !

Puis ils vont lire l'affiche
Qui fait bien mal son office.....
Il faut être un escogriffe,
Vraiment, pour voir un seul chiffre.
Et partout quelle affluence !
Et quel air d'indifférence !
Quelle foule effarouchante !
Offuscante, offensante !
Etouffante, affligeante !
Echauffée, efflanquée !
Effrontée, effarée !
Suffoquée, affolée !

Comme aucun portefaix n'offre
De prêter un peu son coffre,
On prend chaise insuffisante,
Avec grimpade effrayante
Et risque d'effondrement
Ou du moins d'affaissement...

Monsieur, soufflant comme un buffle,
Dit : « Je vois ! » Las ! le train siffle...
C'est le bon ! Maudite affiche !
« Rentrons ! » dit, ébouriffée,
La famille rebiffée.

Le coup de poing
La gelée de coing
Le long hareng
Le faubourg
La sangsue
Le vingtième élève
Le petit doigt

**PÊCHE
DE SINGE**

Un jour, au bord d'un étang,
Un petit orang-outang,
Tranquille comme une image,
Pêchait assis sur la plage.
Hélas ! hélas ! rien ne bouge.
De froid il prend le nez rouge
Et même mal à la gorge :
Il faudra du sirop d'orge.

Il demeure donc songeur
Dans un désespoir rongeur...
Soudain, il reprend courage :
Poisson passe en légion !
La ligne fait un plongeon...
Un chapeau vient au rivage.

— « Ah ! dit-il, avec éloge,
« Ma tête fort bien s'y loge....
« Vite, pêchons davantage ! »
Un soulier vient à la nage
Bien accroché par la tige.
« Ah ! fait orang, quel pro-
[dige !

« Oui, bien sûr, cela m'arrange,
« Ce beau soulier de rechange.
« Car je commence à rougir
« De voir mon pied s'élargir. »
Après, voilà que surnage
Vieille veste ou vieux corsage.
— « Bravo, fait le petit singe,
« Je manquais juste de linge. »

Enfin, voici sur la berge,
Un gros vieux riflard de serge,
Il fut jadis rouge-sang,
Et tiendra fort bien son rang.
— « Bravo ! contre le déluge
« J'ai maintenant un refuge !

L'appétit vient en mangeant,
Dit-on ; non ! pas exigeant,
Orang prend tout son bagage,
Et ravi rentre au village,
Pensant : « On dirait un songe,
Songe qui n'est pas men-
[songe ! »

MÉTAGRAMME

D'abord, fruit bon en gelée ;
Change mon chef, main
[*fermée.*

LOGOGRIPHE

Sept pieds, légume estimé ;
Six pieds, accord égrené ;
Cinq, étoffe bien fournie ;
Quatre, horrible maladie ;
Valet ; homme de bon sens ;
Trois, le compte de tes ans.

Solutions — Mét. : GNIOC, GNIOP. —
Log. : EGREPSA, EGÉPRA, EGRES, EGAR,
EGAP, EGAS, EGA.

**GENDARME
ou
GÉNÉRAL**

Georget se rengorge ; chapeau de gendarme, sabre et fusil gigantesques... pas de giberne, cela charge... il s'imagine être le brigadier du village, ou même le *général* du régiment voisin : Oui ! si maman a l'obligeance d'ajouter une plume !...

Il ne se gêne pas, *Georget* !

L'écho
Le chaos
L'huile
Le thon
L'hameçon
Le thé
Le thym
L'absinthe
La rhubarbe
Le thème
L'isthme
L'hélice
L'hymne

Jabotant fort, sans harmonie,
Voici venir Dame Herminie,
Une jeune oie au blanc habit,
Que son nègre suit ébahi.
Elle a pris son clos en horreur,
Et, tout à coup de belle humeur,
Croit ce trou fait en son honneur.
— « Un portail ! quelle honnêteté !
« Partons ! je l'ai tant souhaité ;
« Proclame son bec enrhumé.
« L'Afrique est terre hospitalière.
« Je ne crains hyène, ni panthère.
« Hippopo, ni rhinocéros,
« Ni vieux garde champêtre hostile,
« Ni petit chasseur malhabile…
« Ajoute-t-elle avec pathos.
« Allons, Thomas ! » Mine ahurie,
L'autre suit avec bonhomie.
Mais l'Autruche du Sahara
Paraît soudain, disant: « Holà ! »
L'oison s'enfuit, laissant Thomas,
Qui se pâme en criant : « Hélas ! »

Écroulé sur le sol herbeux…
Il meurt de peur, le malheureux !

<table>
<tr><td>LOGOGRIPHE I</td><td>III</td><td>LOG. IV</td></tr>
<tr><td>D'abord contraire de l'été ;
Puis de demain, mon cœur ôté.</td><td>Avec six pieds, j'avoue.
Une triste chambrette ;</td><td>Retrouver dans une résine :
Roi de France et son féminin ;</td></tr>
<tr><td>II</td><td>Avec cinq, je secoue
Omnibus et charrette.</td><td>Couleur dont parfois on se teint ;
Reine filant la laine fine ;</td></tr>
<tr><td>Mon enfant, dans l'arithmétique
On découvre tout, tu vas voir :</td><td>ANAGRAMME</td><td>La tisane qui vient de Chine ;</td></tr>
<tr><td>Voici la scène dramatique ;
Nom féminin ; certain devoir ;</td><td>J'arrose d'Avignon
La poussiéreuse plaine ;</td><td>Et son pot ; petit végétal ;
Façon de parler du cheval ;</td></tr>
<tr><td>Mollusque ; sorte d'eau-de-vie ;
Mesure du temps ; maladie, etc.</td><td>Mêlez : je suis oison
Raillé par La Fontaine.</td><td>Un synonyme de stupide ;
Remède ; enfin fleuve rapide.</td></tr>
</table>

LES HIRONDELLES

Le thermomètre monte ; il y a déjà des jacinthes hâtives, et d'humbles herbes, la menthe, le thym, préparent leurs fleurs pour nourrir les insectes.

Les hirondelles devinent tout cela, et, sans appréhension, les voilà à l'horizon.

« Quel bonheur ! dit Catherine : les hirondelles ! donc plus d'hiver : hier, pas une, aujourd'hui, il y en a partout. »

Plusieurs tournent autour de l'horloge de la cathédrale comme pour voir l'heure, mais en voilà deux venues sans hésitation chez le père Hubert où elles habitent depuis longtemps, comme si sa maison était leur héritage de mère en fille. Catherine, qui a huit ans, les y a toujours vues.

Le vieux homme dit : « Elles ont l'habitude de loger sous notre hangar : c'est

leur hôtellerie », et le petit Arthur répète à perdre haleine : « Hirondelles, hirondelles ! » — Par malheur, le grand-père a du rhume et de l'asthme et il faut bientôt rentrer pour qu'il ne prenne pas froid.

LOTO MÉTAGRAMME

le bain	le gain		la main	le nain	le pain
le faon		le paon	le taon		Laon ville
	la lie	la mie	la pic	la vie	
le jabot	le rabot	le sabot			

		la sauce	la sauge		le saule
	le bas	le cas	le pas	le tas	
le baquet		le caquet		le paquet	le taquet
le fort	la mort		le port	le sort	le tort

la fente	la pente		la rente	la tente	la vente
		la peau	le seau		le veau
le foie	la joie		la soie	la voie	
l' aile	une aire	l' aide			

		l' aube	l' auge		l' aune
la mue	la nue		la rue	la vue	
	le bois	une fois		le mois	le pois;
la cage		le gage	la nage	la page	la rage

Préparer des cartons comme ci-dessus et des jetons portant les mêmes mots. Mettre ceux-ci en sac et les tirer pour jouer exactement comme au loto.

Mais s'il y avait plus de quatre joueurs, voici le moyen bien simple d'augmenter le nombre des cartons et des jetons : Préparer des cases comme ci-dessus, puis les remplir comme nos modèles avec des lignes de 3, 4 ou 5 mots, pris parmi les métagrammes qui figurent ici ou là dans nos autres pages.

DO - MI - SOL !

D'un long cou hors du faux-co*l*
La musique prend son vo*l*,
Do ré mi ré mi fa so*l*....
Hélas ! quel signa*l* fata*l*,
Quel concert de carnava*l* !
Sans mesure et sans calcu*l*,
Le gros dogue du consu*l*
Tout en dansant comme au ba*l*,
Étranglé par son lico*l*,
Hurle un air tout en bémo*l*.

A l'ombre d'un grand tilleu*l*,
Qu'il ait foule ou qu'il soit seu*l*,
Voici le jeune Espagno*l*
Chantant comme un rossigno*l* ;
Le doigt tendu, l'air viri*l*,
Il joue un refrain d'exi*l*
Qui ravit tout, colone*l*,
Soldat et portier d'hôte*l*,
(Un colone*l* en civi*l*.
A moustache poivre et se*l*).
Et puis, voici le profi*l*
De l'agent municipa*l*
Qui veut voir tant bien que ma*l*.

L'œil en feu, sous le sourci*l*,
Le duo prend son outi*l* :
Le bugle sort du couti*l*,
Le fifre, tel un fusi*l*,
Malgré son caquet genti*l*,
Trouble Azor en son cheni*l*.
« Bis ! » fait dame Beau-Persi*l*,
Sortant le rhum du bari*l*
Et les biscuits du fourni*l*.

Petite Isabe*lle*
Fait aujourd'hui ce*lle*
Qu'une affaire appe*lle*
Soudain à la vi*lle*
(A Paris ou Li*lle*), .
Avec sa fami*lle*.

Alerte et genti*lle*,
Dans la grande sa*lle*
Cherchant une ma*lle*,
Elle dit : « Laque*lle*
Assez grande et be*lle*
Tiendra sans quere*lle*
Mainte bagate*lle* :
Mes gants, mon ombre*lle*,
Ma robe en dente*lle*,
Puis mon seau, ma pe*lle* ;
Puis ma fille Este*lle*
Et sa sœur jume*lle*,
Ma fille Sybi*lle* ;
Bien douce et tranqui*lle*,
Cette demoise*lle*
De grande cerve*lle*
Parle a*llè*grement
L'anglais, l'a*lle*mand...

Voyons, insta*llons*
Leurs lits ; emba*llons*
Leur fine vaisse*lle* ;
Puis Polichine*lle*
Et son dos ca*lleux*
Dans un coin moe*lleux* ;
Quel être exce*llent* !
Éterne*llement*,
Dessous sa brete*lle*
Et son grand co*llet*
De soie et flane*lle*,
Bat un cœur mo*llet*...
Et ma grosse ba*lle* ?...

LA
MALLE
D'ISABELLE

Non ! pas une ma*lle*
Dans toute la sa*lle*
D'assez grande tai*lle*...
Donc, plus d'emba*llage*...
Ma chère marmai*lle*
Restons au vi*llage*.
Mère de fami*lle*
Est mieux là qu'en vi*lle*. »

MÉTAGRAMME 1

Étoffe vaporeuse ;
Puis, sphère voyageuse
Faite d'eau savonneuse.

II

Par V je vois la montagne
D'en bas ; mais par B je plane
Et vois d'en haut la montagne.

LOGOGRIPHE I

Prendre en villageoise :
Beaucoup de maisons,
Puis moins, sous grand nom ;
Noix ; maison bourgeoise ;
   Acteur forain ;
   Saint ;
Siège sur bourrique ;
Sorte de musique, etc.

II

Tirer d'un air de musique :
Bâtisse ; outil des maçons ;
Cep ; chemin entre maisons ;
Crasse au fer que nul n'astique ;
Pâte molle ; fleur des blés ;
Ville et tissu ; sons tremblés ;
Deux adjectifs féminins ;
Un pronom enfin, etc.

BON ACCUEIL

LE VAINQUEUR DES COURSES D'ARGUEIL
RENTRE AU HAMEAU DE MONTORGUEIL.
MAITRE ET BAUDET SONT PLEINS D'ORGUEIL...
LA MUSIQUE, C'ÉTAIT L'ÉCUEIL,
MAIS, FER-BLANC PARTOUT RECUEILLI

UEIL
pour
EUIL

FAIT VACARME, ET BOIS FRAIS CUEILLI.
AVEC UN MOUCHOIR FAIT DRAPEAU,
CHACUN TROUVE CELA TRÈS BEAU...
ILS ONT RAISON, A MONTORGUEIL:
L'IMPORTANT, C'EST LE BON ACCUEIL.

LOGOGRIPHE I.
En un fruit suret ;
Légume aigrelet ;
Seau ; lichen ; filet ;
De l'ouïe, organe ;
Treillis ; quadru-
                [mane.
II
9 pieds, poisson ;
8 joyeux son.

CHASSE AUX
PAPILLONS

Nous sommes à Marse*ille*,
La ville sans pare*ille*,
Le pays merve*ille*ux,
De soi-même orgue*ille*ux ;
Tout le printemps gazou*ille*,
Le merle et la grenou*ille*,
La ca*ille* et le gr*illon*
Dans le creux du s*illon*.

Un brave Marse*illa*is
Dit : « Si j'appare*illa*is
« Vers les champs ? Oui, je bâ*ille*,
« Et me sens défa*illir* !
« Loin de toute marma*ille*
« Il faut que je m'en a*ille*
« Au bois me recue*illir*. »

Or, toutes les chen*illes*
Ont quitté leurs guen*illes*
Et fait des pap*illons*
Qui vont en tourb*illons* ;
Rose, Jeanne et Cam*ille*
Les suivent en fam*ille*,
Jetant sur les ta*illis*
Filets au fin tre*illis*.

Chut ! le fils de Marse*ille*,
Au bruit fermant l'ore*ille*,
Lit Racine ou Corne*ille*
Et d'abord s'émerve*ille* ;
Mais bien vite il somme*ille*...

Soudain, il se réve*ille*,
Las ! dans quel attira*il* :
Juste un épouvanta*il* !...
« Où suis-je, on me chatou*ille*
« Le front et ça m'embrou*ille*... »
Mais, tout à coup va*illant*,
Il bondit malve*illant*...

Quel triste échant*illon*
De chasse au pap*illon* !

Le buffle pesant
    Marche pesamment ;
Le cerf élégant
    Court élégamment ;
Le condor puissant
    Vole puissamment ;
Le dogue vaillant
    Jappe vaillamment ;
L'écolier savant
    Répond savamment ;
Et l'enfant bruyant
    Parle bruyamment.

Sommeil incommodé

« « Çà, dit un jour le commandant,
—Le boulevard est assommant !
« Rester au logis, c'est dommage,
« Aux forêts portons notre hommage... »
Sa femme immédiatement
S'apprête, et les chiens bruyamment.

Mais le beau soleil est de flamme !
Le commandant, comme sa femme,
Désirerait bien faire un somme ;
Serré dans son col à la gomme
Il est rouge comme une pomme :
« Eh bien ! dormons, dit le brave homme. »

PHRASE A DIRE VITE :
Le commis du commissaire
    de Commercy,
Dit au commissionnaire
    en commissions :
Comment va le commerce
    des commerçants
    de Commercy ?
« Comme-ça, comme-ci ;
    Merci ! »

LOGOGRIPHE I
D'un programme :
    Tirer fruit ;
    Et bruit ;
Nom de femme ;
Poids ; enduit.

— « Quant à nous, jouons, ma commère,
Dit l'un à l'autre mammifère,
« Devant nous est l'immensité ;
« A d'autres l'immobilité ! »
Aussitôt la course commence,
Folle, vertigineuse, immense...

La fin n'était pas au programme :
On demanda, par télégramme,
Un docteur et du consommé...
Le pauvre couple incommodé
Rentra chez lui languissamment ;
Et les chiens, je ne sais comment !

LOGOGRIPHE II	*MÉTAGRAMME I*	*MÉTAGRAMME II*
Neuf pieds : art de parler ;	*Sur sept pieds : quel bon lit !*	*Sept pieds : onguent de toilette ;*
Six pieds : poids pour peser.	*Chef changé : quels bons fruits !*	*Meuble, en changeant cinq et tête.*

La gamme d'Olympe

Olympe, dans sa chambre, étudie la gamme d'une symphonie compliquée ; on frappe à l'improviste.

Complaisante, mais imprudente, Olympe va ouvrir ; c'est Emmanuel qui l'écoute d'abord immobile, puis, se haussant sur ses petites jambes, triomphant, il joue aussi : Tap, tap !

Impossible d'étudier : qu'on emmène cet importun compère et, s'il regimbe, qu'on l'emporte.

Note : m remplace n à la fin de quelques mots : faim, daim, parfum, nom, pronom, etc.

LOGOGRIPHE I

Je soutiens, sans ma tête,
Les pauvres malheureux
Qui sont, avec ma tête,
Un peu de temps boiteux.

II

D'une gomme odorante
Tirer : groupe de tentes ;
Terrain ; porte-bannière ;
Douleur ; enfin barrière.

III. D'un beau militaire
Tirer : caisse à bruit ;
Tourbillon qui nuit ;
Cire singulière ;
Chambre funéraire ;
Vague obscurité ;
Mot de quantité ;
Postale gravure ;
Brouillard ; signature ;
Et célébrité.

IV

Huit pieds : achat, marchandise ;
Un de moins, vent furieux ;
Six, synonyme d'église ;
Cinq, endroit tout près des yeux.

MÉTAGRAMME

J'éclate et brûle grand train
Sur deux B ;
Et moi j'arrose et j'éteins
Sur deux P.

Solutions. — Log. I. EPMAR, EPMARC. — II. ERHPMAC, PMAC, PMARC, EPMAH, EPMARC, EPMAR. — III. RUENIRUORMAT, RUORMAT, ERMORT, ERMMA, CAERMOT, ERDMO, ERBMON, ERBMIT, NURBME, MON, MONER. — IV. ETTELPME, ETEPMET, ELPMET, EPMET. — Métag. : ERMOR, EPMOP.

I

II

LA CANNE D'ÉTIENNE

Or, le premier jour de l'année
Ayant reçu grasse monnaie,
Etienne s'achète une canne
Chez le mari de dame Jeanne.
C'est une canne belle et bonne,
Solide comme une colonne ;
Non, ce n'est pas un bâtonnet
Ainsi qu'en porte un garçonnet.

Au collège pensionnaire,
Il est un enfant débonnaire ;
Mais, en ce jour d'anniversaire,
Il est plus fier qu'un connétable,
Et singe l'homme raisonnable :
Son pouce dans sa boutonnière,
Dans sa poche une bonbonnière,
Il lit, sur la maçonnerie,
Plus d'une affiche qui l'ennuie.

Quand tout souci semble banni,
Hélas ! a-t-on des ennemis !
La canne fuit, il s'y cramponne,
Elle raccourcit, il s'étonne...
Farce d'amis ? Il le soupçonne.
Il se tourne et ne voit personne,
Rien qu'une dalle sans anneau,
Ronde telle un fond de tonneau.

« Ma canne neuve ! crie Étienne,
Elle était ma plus belle étrenne ! »
Pauvre canne bien façonnée,
D'une tête d'or couronnée,
Hélas ! neuve ou bien ancienne,
C'est l'épave parisienne,
Au noir égout abandonnée,
Et sa dernière heure est son-
[née !..

III

IV

MÉTAGRAMME I
Le charcutier vend la ★ anne ;
Le tanneur tout le jour ★ anne ;
De l'écluse ouvre la ★ anne ;
Sur le char étends la ★ anne ;
Donne au grand-père sa ★ anne ;
Pour guérir, bois de la ★ anne.

II
Avec T je viens d'un arbre,
Et suis vêtement ;
Avec L je viens du marbre,
Et suis monument.

LOGOGRIPHE
D'un oiseau chanteur joyeux,
Tirer : verbe généreux ;
Verbe travaillant le cuir ;
Verbe bruyant à s'enfuir ;
Bâton pour se soutenir ;
Très grand tonneau vide ou plein ;
Animal du nord lointain ;
Temps d'un grand voyage rond ;
Verbe qui touche au carton.

Sol. — *Mét.* : II. EDANNOTOC, EDANNOLOG. — *Log.* :
TERENNODRAHC, RENNOD, RENNAT, RENNOT, KN-
NAC. ENNOT, ENNER, EENNA, RENNOTRAC.— *Char. I.*
ENNOB-SIL. — II. ENNER-UT. — III. RUENNOS-SIOM.

CHARADE I
Mon premier, royale plante ;
Mon second, brave servante ;
Et mon tout, ville d'infante.
II
Mon un, mot pronominal ;
Mon deux, polaire animal ;
Et mon tout, grand général.
III
Mon premier passe sans bruit ;
Mon second tinte à grand bruit ;
Mon tout fauche à petit bruit.

ALINE ET LÉON

Aline et Léon lisent les anagrammes de leur livre : C'est très bizarre ! un mot en produit un autre qui semble venir du bout du monde, tant il est différent comme sens et comme forme ; on y entend des lettres dont on ne se doutait pas d'abord, ainsi dans gratin le t d'ingrat.

— Sais-tu, dis, Léon, que mon nom lu à rebours fait Noël ?

— Le mien est encore mieux, répond sa sœur, car il fait deux mots : laine et liane.

— Inventons un jeu là-dessus... Aussitôt dit, aussitôt fait.

JEU DES ANAGRAMMES

Inscrire sur des cartes 15 à 20 des questions ci-dessous. Mettre sur d'autres cartes les solutions correspondantes qui se trouvent page 64. Ainsi une carte aura la question : D'un seul signe faire un animal ? Et une autre portera la réponse : Signe-Singe.

On fait circuler ces cartes comme au jeu des finales, page 52. Quand la question et la réponse sont dans la main du même joueur, il les pose devant lui. Le premier qui a ainsi épuisé son jeu a gagné.

I. — PERSONNAGES.

1. A qui une croche donne-t-elle naissance ?
2. Comment une digue peut-elle accompagner des touristes ?
3. Qui sort tous les jours de l'épicerie ?
4. Quel grand personnage naît dans un étang ?
5. Qui ne quitte jamais la laiterie ?
6. Qui habite dans une mercerie ?
7-8. Comment dans une natte et dans une robe neuve trouver deux proches parents ?
9. Quel monstre naît d'un grain d'orge ?
10. Quel bandit se trouve dans une partie de plaisir ?
11. Qui trouve-t-on dans chaque règne ?
12. Qui se cache dans le vin de Sauterne ?

II. — ANIMAUX.

1. D'un chasseur alpin faire un gibier ?
2. D'un aunage produire un jeune ruminant ?
3. Quel oiseau de proie porte un cordon de montre ?
4. D'un épi faire un oiseau voleur ?
5. Quel insecte habite le fumoir ?
6. D'une girolle faire un grand quadrumane ?
7. Avec du givre, faire un oiseau ?
8. Comment une loupe devient-elle un volatile ?
9. Quel animal porte toujours sa niche avec lui ?
10. D'un seul signe faire un animal ?
11. D'un train express faire un petit passereau ?
12. Impossible de voler sans voir un serpent ; pourquoi ?

III. — VÉGÉTAUX.

1. Avec un nez camus faire un arbuste ?
2. Faire un buisson avec une corne ?
3. Quelle céréale peut-on faire avec une église ?
4. Comment une cousine germaine devient-elle une plante ?
5. Avec une lampe faire une feuille de palmier ?
6. Quel fruit mange toujours un oiseau de proie ?
7. Quel fruit trouve-t-on dans la remise ?
8. D'une bonne rôtie faire une plante détestable ?
9. Quel fruit offre toujours une personne sobre ?
10. Comment faire de l'huile avec un voile ?
11. D'une voilette tirer une fleur embaumée ?
12. D'un voilier faire un arbre méridional ?

IV. — DIVERS.

1. Comment écrire au tableau noir avec l'acier ?
2. Dans quel mois trouve-t-on toujours un ami ?
3. Emmailloter un enfant dans un angle ?
4. D'une chope de bière faire un petit sac ?
5. Quelle pâtisserie est faite d'eau claire ?
6. Attacher ses souliers avec un éclat de rire.
7. Quel outil l'écolier trouve-t-il dans la grêle ?
8. Comment mettre au four un ingrat ?
9. Comment s'habiller d'une simple ligne ?
10. D'une lime faire un sirop exquis ?
11. Que peut-on faire avec la nacre d'une huître ?
12. Quelle construction fait-on toujours avec rage ?

UN PEU !

On dit qu'un jour de printem*p*s,
Le vieux père Cantalou*p*
Promenait, par le beau tem*p*s,
Trente ballons d'un seul cou*p*.
Or il s'entend a*pp*eler
Et se hâte d'a*pp*rocher,
Car on peut a*pp*réhender,
Las ! de se voir su*pp*lanter ;
Son fardeau l'a*pp*esantit ;
Mais la fillette a*pp*laudit.

MÉTAGRAMME I

Je suis en i
Un vieil habit ;
Et puis en a
Linge au repas.

BEAUCOUP !

Devant cette belle gra*pp*e,
Entre ses mains elle fra*pp*e,
Et tout d'abord s'a*pp*roprie
Un seul ballon, l'a*pp*récie :
(Il est fort a*pp*rivoisé ;
Hier, un s'était écha*pp*é.)
Puis elle vient su*pp*lier
Pour avoir un su*pp*lément,
Et sa mère, a*pp*aremment,
Se hâte de l'a*pp*rouver.

ANAGRAMME

Dans un sens lu,
Je suis surplus ;
Dans l'autre sens,
Abri des vents.

TROP !

L'enfant prend tout sur-le-
[cham*p*...
Les ballons lèvent le cam*p*
Sans grande o*pp*osition...
Ah ! quelle a*pp*arition !
Pas un cordon ne se rom*p*t !
Tout part d'un vol sûr et
[prom*p*t,
La fillette en a*pp*endice :
Pour sa mère quel su*pp*lice !
Puisse un arbre les ha*pp*er
Et bien fort les agri*pp*er.

LOGOGRIPHE I

Fier sur quatre pieds,
Je porte guerriers ;
Cinq, paisible et bon,
Je porte moisson.

MÉTAGRAMME II

Je suis avec deux têtes
Un choc ni beau ni bon ;
Changez : je suis la bête
Qui mange le mouton.

LOGOGRIPHE II

Six pieds : j'ornais la tête
De Riquet fier et beau ;
Cinq pieds : je porte aigrette
Et je suis un oiseau.

MÉTAGRAMME III

Je figure avec mes trois têtes :
Un bon piège à prendre les bêtes ;
Un ensemble de petits grains ;
Le mot de Thémistocle enfin.

LA GRIPPE

Baptista, la poupée de Philippine, a la grippe depuis sept ou huit jours : plus d'appétit et des douleurs insupportables dans la tête et même dans tout le corps, de temps en temps. Quel désappointement : on devait aller voir un dompteur de lions !

Pour la guérir promptement sa petite maman l'a enveloppée d'un bon foulard grand comme un drap avec une application d'ouate d'où s'échappent des houppes de cheveux blonds ; puis dans je ne sais quel coin de l'appartement elle va dénicher un sirop de noire apparence ; elle compte les gouttes et a la septième elle dit : « C'est très amer, il faut apprendre a avaler d'un seul coup, n'est-ce pas, Cap ? »

Cap, le chien, connait son nom de baptême ; a l'appel de Philippine il approche au galop ; appuyé sur la chaise sculptée il approuve de la tête, et s'apprête a applaudir a la mode chien, en jappant. Je suppose que la grippe va être supprimée !

JEU DES DÉRIVÉS

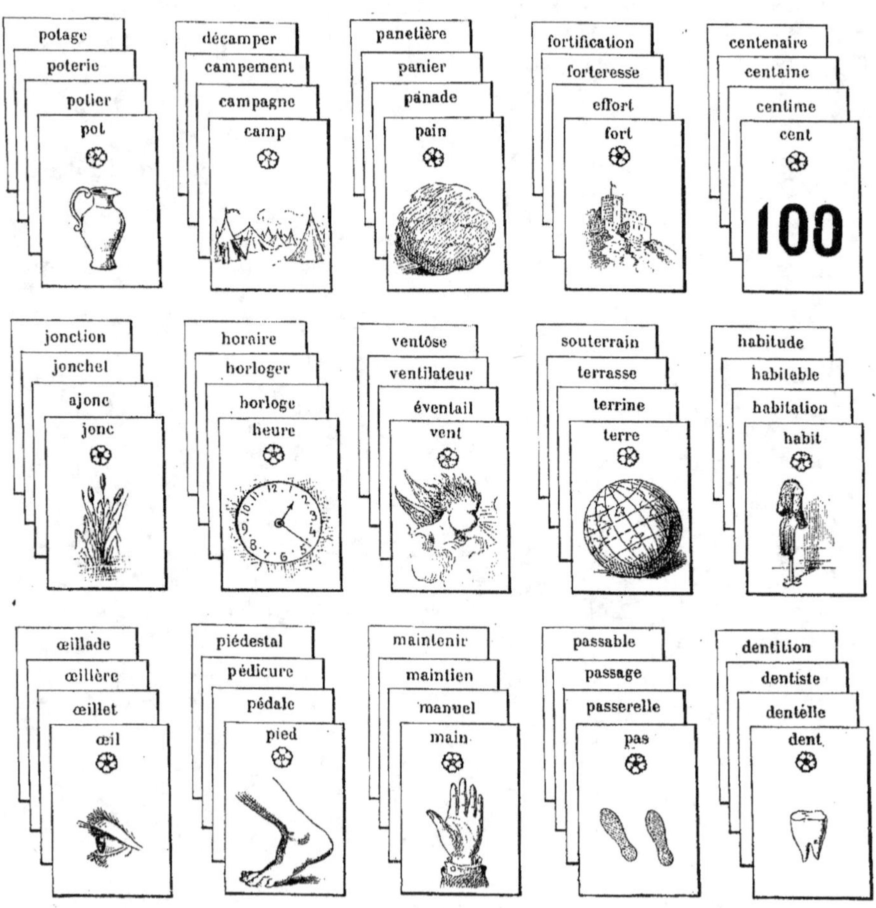

Inscrivez chacun de ces mots en tête d'une petite carte avec les 3 autres au-dessous (à la place des gravures ci-dessus), soit chaque fois 4 cartes répétant les mêmes mots dans un ordre différent — chacun étant une seule fois en tête et devenant le titre de la carte. — Brouillez et distribuez.

Le premier joueur appelle alors un des noms secondaires de son jeu, ainsi : POTAGE, inscrit sous l'en-tête POT, en s'adressant à un camarade qui lui remet, s'il la possède, la carte ayant POTAGE en titre, sinon le camarade répond : « Erreur ! » et prend le tour en faisant d'autres demandes de la même façon.

Le jeu continue ainsi jusqu'à ce que toutes les familles soient reformées ; chacun les pose d'ailleurs devant soi au fur et à mesure et celui qui en réunit le plus grand nombre gagne.

TRIOMPHE

ET CATASTROPHE

Mlle Delp*h*ine n'est géante, quoiqu'elle dise p*h*ase : — « Je suis qu'elle écrira dès qu'elle et l'orthogra*ph*e. grimpée sur un des Elle tomba et il fal- drier pour la repê-

La voici descendant triom*ph*e d'abord !... Puis hélas ! quelle catastro*ph*e !

Il faudra télé*ph*oner au *ph*armacien d'apporter des compresses d'eau *ph*é- niquée.

pas un *ph*énomène, une sans cesse avec em- grande. » C'est la *ph*rase saura un peu l'al*ph*abet

Elle la disait, hier, dau*ph*ins du jet d'eau. lut presque un sca*ph*an- cher.

l'escalier seule. Quel

Voilà le petit Adol*ph*e chez le *ph*oto- gra*ph*e. Celui-ci lui mon- tre un élé*ph*ant qui prise du cam*ph*re ; un *ph*oque or*ph*elin qui pleure ; en- fin le pantin *Ph*aramond qui danse en faisant le té- légra*ph*e avec ses bras. Adol*ph*e est ravi.

Crac ! la *ph*otographie est faite et on y voit Adol- *ph*e suçant son doigt jus- qu'à la dernière *ph*alange.

LOGOGRIPHE

Dans une écriture à la mode,
Trouver : voiture peu commode ;
Apparence d'une planète ;
Perte de voix ; chanteur-poète ;
Sorte d'ange ; tour lumineuse ;
Pierre précieuse ; eau gazeuse ;
Défilé de mots ; poétesse ;
Couplet ; prénom qui dit sagesse.

Solutions. — Log. : EIHPARGONÈTS, NOTÉAHP, ESAHP, EINOHPA, EÉHPHO, NIHPARÈS, ERAHP, RIHPAS, NOHPIS, ESARHP, OHPAS, EHPORTS, EHPOS.

UN TÉNOR TAPAGEUR

Notre bourriquet, maître Omar,
Entêté comme un cauchemar,
Dans tous ses moments de loisir
Se fait entendre avec plaisir,
Et de sa voix, paraît très fier.
Soit en été, soit en hiver,
Sous le ciel de pourpre ou d'azur,
En plein champ comme au pied d'un mur,
A l'étrille sous son hangar,
Ou traînant notre petit char,
En se rendant à l'abreuvoir,
En passant devant le lavoir,
Dans notre rue et notre cour,
Il croit que c'est toujours son tour.

Voyez, dans ce joli décor,
Il semble dire : « Foin du cor,
« Et de la flûte et du tambour,
« On m'entend bien mieux alentour.
« Écoutez, voici mon grand air :
« Hi-han ! hi-han ! Quel gosier clair !
« C'est retentissant, doux et pur,
« Point de fausset et rien de dur.
« Je commence par assourdir,
« Puis je finis comme un soupir ;
« Ainsi, je chante avec amour
« Le départ comme le retour.
« Si le matin je dis : bonjour,
« Quand la nuit vient, je dis : bonsoir,
« En laissant à chacun l'espoir
« De m'ouïr demain ; — sans détour,
« Je suis le parfait troubadour. »

— « Ah ! vous vous faites trop d'honneur,
Lui répondent les gens en chœur,
« Nous étourdir demain comme hier !
« Assez baudet, assez mon cher...
« Désormais, Monsieur le Ténor,
« Sachez que le silence est d'or. »

ÉNIGME

On me voit dans le ciel
Et chez le pâtissier.

CHARADE

Voyelle est mon premier,
Et l'eau de mon dernier,
Au goût, met mon entier.

LOGOGRIPHE

Sur trois pieds j'étourdis,
Et sur deux j'enrichis.

MÉTAGRAMME : AU REVOIR !

Tout me plaît en ce manoir :
Beaux paysages, air ★ur ;
Haut plafond, solide ★ur ;
A chaque mur un ★iroir ;
A chaque table un ★iroir.
Du linge pour le ★avoir ;
Des livres pour le ★avoir,
Des livres pleins de v ★leur,
Car personne n'est v ★leur ;
Le vin doux coule au ★ressoir ;

La vaisselle est au ★ressoir,
Vaisselle de plus d'un ★our.
Une riche basse- ★our
Alimente un vaste ★our,
Solide comme une ★our ;
Les plats ont bonne ★enteur ;
On les mange avec ★enteur,
Et sans compliment ★enteur ;
Les gens font tous leur ★evoir ;
Cela me plaît !... Au ★evoir !...

Note : *Les noms terminés par* **eur** *s'écrivent sans* **e** *à la fin ; excepté la demeure, l'heure, le beurre, un leurre.*

Solutions. — *Énigme :* HIALLE. — *Charade :* HEM-A. — *Log.* ROC, RO. — *Mét. :* P, M, M, T, L, S, A, O, P, D, J, C, F, T, S, L, M, D, R.

Les SOULIERS de ROGER

ROGER.

Bonjour, Monsieur le cordonnier,
Voyez, j'ai percé mon soulier.

LE CORDONNIER.

Faut le porter au savetier ;
Raccommoder, c'est son métier.
En neuf, moi je suis ouvrier :
Point de meilleur dans le quartier.
Entrez là, c'est mon atelier...

ROGER.

Des souliers à boucles d'acier...

LE CORDONNIER.

Ah ! Ah ! des souliers de rentier !
Pour se promener au verger
Ou dans le jardin potager...
Foin ! des gros souliers de berger,
Pesants aux pieds comme un rocher...
J'ai ce qu'il faut : rien de grossier !
Voilà : marchez sur le plancher.
Ça vous gêne ?... mal passager :
Ce cuir-là vous est étranger,
Mais quelques courses au clocher...

ROGER.

Holà ! Je ne suis pas courrier !
Donnez-moi moins beau, moins léger,
... Mais que je marche sans danger !

Fin

Le baiser
Le bûcher
Le rucher
Le prunier
L'oranger
Le laurier
Le sentier

Le vieux papetier
Dit : « J'ai du papier
Pour le romancier
Très paperassier,
Et pour l'écolier
Moins écrivassier.
Puis, ce beau papier,
Qui du chiffonnier
Me vient tout entier,
Cahier par cahier,
Depuis le premier
Jusques au dernier,
Retourne au fripier. »

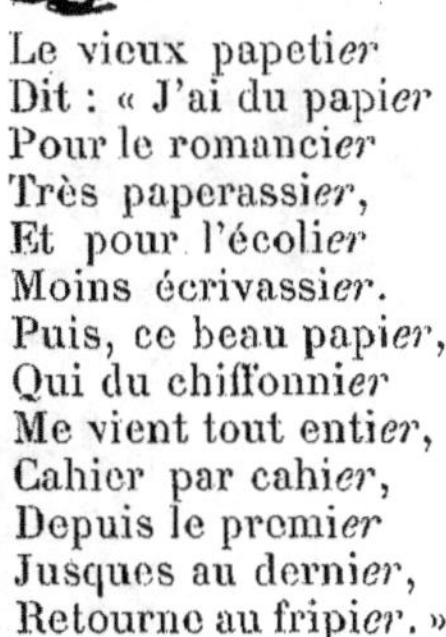

ANAGRAMME

Je puis vous offrir des rideaux ;
Mêlez, et j'offre des gâteaux.
REISSIPAT, REISSITAP

Le parrain
La marraine
Le courrier
La courroie
Le carrosse
Le corridor
Le lierre

RUSE DE GUERRE

Pierrot avec son cousin Pierre
Au chat noir font toujours la guerre,
Car il est bien un peu larron,
Et quelquefois sur le perron
Il prend la tartine beurrée,
Ou de boudin bien rembourrée,
Que les garçons laissent errer
En s'amusant sans s'arrêter.
— « Elle deviendrait pourriture !
« Faisons-en plutôt nourriture, »
Pense Minet. Pierre, irrité,
Et Pierrot, non moins courroucé,
A l'ennemi, d'un air horrible
Jurent une guerre terrible :
Il leur faut sa peau sans erreur....

Minet s'enfuit avec terreur.
Il saute sur mur et barrière
En ronflant comme le tonnerre.
Sur la pompe, il est arrivé,
Et paraît fort embarrassé ;
Tout en hérissant sa fourrure,
De la pompe, il tient la ferrure.
Pierre et Pierrot s'écrient : — « Hurrah !
« Lui-même en cible il se fourra ! »
Pierre vise... Mais sur la barre,
Minet glisse... Quelle bagarre !
Alors, Minet, quittant l'arrêt
Et s'enfuyant à tout jarret
Crie : — « Au revoir, Pierrot et Pierre,
« A ma santé, buvez ce verre... »
C'était une ruse de guerre !

CHARADE	*LOGOGRIPHE*	*MÉTAGRAMME*
Un dans deux se promène ;	*Dix pieds : bruit formidable ;*	*En vitre on peut me mettre,*
Tout laboure la plaine.	*Six pieds : utile câble.*	*Puis grille à la fenêtre.*

PERRUCHES ET PERROQUETS

Des perruches, des perruches et encore des perruches, dans la serre où il fait une chaleur torride pour imiter leur terre natale.

L'heure du déjeuner est arrivée : quel tintamarre ! Toutes crient d'une voix bizarre : Bonjour, parrain ! Puis l'une ajoute en frappant du bec au barreau à coups irréguliers : « Tartine de beurre !

— Moi, marron grillé !

—Moi, terrine d'eau fraîche ! » — Embarrassé dans sa robe de chambre chamarrée, bigarrée, leur vieux maître ressemble à un gros perroquet ; il est accouru avec tant d'irréflexion qu'il en a oublié sa perruque et ses jarretières ; il se hâte d'offrir à chacune sa nourriture préférée,

tandis que sa favorite s'arrondit et se serre contre son col de fourrure, dont elle arrache parfois un poil... Il essaie de prendre l'air bourru en disant : « Patience ou gare la correction, » mais, en somme, il serait fort marri de punir et s'arrête seulement irrésolu, faute de savoir à qui entendre.

LE MARDI GRAS
de M^r LE MARQUIS

C'est le Mardi Gras,
Et grand embarras
De fête à Paris.
Monsieur Le Marquis
Dit : « Moi je suis las
« Des masques en tas ;
« Et pour cette fois,
« Au vieil univers,
« Montrons un minois
« Plaisant et narquois
« De face et d'envers. »

Allant chez Denis,
Grand peintre jadis,
Dont le jeune fils
Barbouille toujours,
Au petit Louis,
Il fait ce discours :
— « Avec tes vernis
« Et tes coloris,
« Vite à mon secours ;
« Viens à mon logis
« Me peindre à rebours. »

Quoique fort surpris,
Louis, sans gâchis,
Fait un prompt croquis,
Puis tient ce propos
A notre héros :
— « Restez en huis clos
« Une heure en tous cas
« Séchant mon platras. »

Or, pendant ce temps,
On cherche en tous sens
Monsieur Le Marquis.
Lui, sage et soumis,
Se tient bien assis
Et calme et dispos
Goûte un doux repos.

Mais voici des pas...
Avec grand fracas,
L'indiscret Francis
Soudain ouvre l'huis,
Puis reste indécis...
« Je suis, dit l'intrus,
« L'étage au dessus,
« Ou peut-être, hélas !
« L'étage trop bas... »
Honteux et confus
Il s'enfuit sans plus.

Tout ce cliquetis,
Bruyant et divers,
Éveille Marquis
L'humeur de travers.

Mais bientôt, précis,
Il a tout compris
Et dit : « Quel succès !
« Je ferai florès !
« Cessons mon blocus,
« Prenons l'omnibus,
« Et que tout Paris
« M'admire gratis. »

De Raminagrobis
Tirer : baisse de prix ;
Fleur ; graine parfumée ;
Membre ; ligne inclinée ;
Tas d'objets ; corps ligneux ;
Pain noir ; terrain bourbeux ;
Avant avril ; graisseux ;
Ni blanc ni noir ; peu haut ;
Rayon de roue ; oiseau ;
Trente jours ; à poil court ;
Carte ; en Pas-de-Calais ;
Charpente d'homme ; épais ;
Garçon ; blé de Turquie...
Ouf ! ma liste est finie.

MÉTAGRAMME

Cendrillon couche au g★l★l★s ;
Son lit n'a point de m★t★l★s ;
Quand on l'enferme au c★d★n★s,
Elle brode son c★n★v★s.
« Avec le roi tu p★rl★r★s »
Dit sa marraine, et v★ls★r★s ;
« Mets donc ta robe en t★ff★t★s
« Et grignote ce ch★ss★l★s. »

LITTLE PIG
ANGLAIS

Pudding plus ou moins
épais.

J'eus la croix.

LE
PETIT
PORC
FRAIS

LE PETIT PORC FRAIS

Je suis " little pig " angl*ais*,
Museau rose et noir de j*ais* ;
Ma queue, en l'air ou de bi*ais*,
Fait souvent rire au rab*ais*
Enfant, seigneur et laqu*ais*.

Les gens ne m'oublient jam*ais* :
Un âne met son harn*ais*
Et parcourt plus d'un rel*ais*
Pour m'apporter foin, pan*ais*,
Gland ou fève de mar*ais*....

Pudding plus ou moins ép*ais*,
Je ne trouve rien mauv*ais* ;
Comme un roi dans son pal*ais*,
Je n'ai trop chaud ni trop fr*ais*.

Je suis fin sous mon air ni*ais* :
On me porta sous un d*ais*
Quand, des bêtes à l'engr*ais*,
J'eus la croix ! Je me conn*ais*
Et vaux triple, désorm*ais*.

C'est un beau triomphe !... M*ais*,
C'est triste aussi, car je s*ais*
Qu'un charcutier que je h*ais*
Guette " little pig " angl*ais* !

Comme un roi dans son
palais.

C'est un beau
triomphe !... Mais...

C'est triste aussi.

Solutions de page 46.—*Mét.: a, e, a.* — *Log.:* SIBORGANIMAR,
SIABAR, SIRI, SINA, SARB, SIAIR, SAMA, SIOR, SIB, SIARAM,
SRAM, SARG, SIRG, SAB, SIAB, SIBI, SIOM, SAB, SA, SARRA,
SO, SORG, SRAG, SIAM.

<hr>

MOTS A COMPLÉTER

De France vient le ...çais;
D'Angleterre vient l'...glais;
D'Écosse vient l'...sais;
D'Irlande vient l'...dais;
De Lyon le ...nnais;
De Rouen le ...nnais;

De Malte vient le ...tais;
Du Piémont le ...tais;
D'Aragon l'...nais;
Du Japon le ...nais;
De Java le ...nais;
Et de Nantes le ...tais;

Portugal fait ...gais;
Hollande fait ...dais;
Pologne fait ...nais;
Calabre fait ...brais;
Marseille fait ...llais;
Et Bordeaux fait ...lais.

= SS =

La casserole
La chasse
Le passage
La passoire
L'échasse
La filasse
La paillasse
La cuirasse
L'impasse
La potasse
La crasse
La compassion

L'ÉCOLE
BUISSONNIÈRE

La pelisse
La coulisse
La mélisse
La réglisse
La jaunisse
La bâtisse
La tapisserie
Le tissage
La saucisse
Le saucisson
Le hérisson
Le buisson
La permission
La palissade
La glissade

On part à temps pour la classe,
Mais en route on se prélasse.

Mainte pomme est mûre et rousse,
Pour qu'elle tombe, on la pousse.

« Au voleur ! » Peur et frisson
Prennent chaque polisson.

Ils fuient à toute vitesse...
Mais soudain leur course cesse...

Le garde de
[la paroisse
Fait sa ronde,
[quelle
angoisse !
Avec son petit
[molosse,
Il fait des pas
[de colosse,
Et le paysan
[l'assure
Que son piège
[est sans
fissure.

La graisse
La vaisselle
La bosse
La brosse
Le carrosse
Le professeur
La profession
Le cresson
L'essieu
L'essor
La lessive
La mousseline
La broussaille
La boussole

« En classe ! fraude et paresse ! »
Dit le garde avec rudesse.

Enfin, chez M. Narcisse,
Les voilà, rouge-écrevisse.

— « Maraude n'est pas prouesse.
« Et cela perd la jeunesse »,
Dit le maître avec tristesse.

Mais sous le bonnet d'ânesse
Voilà qu'ils font la promesse
D'apprendre enfin la sagesse.

MÉTAGRAMME I

Je suis l'espoir de toute plante ;
Son fruit aussi ; je sers de mante
Au mobilier ; puis sous les pas
Je suis tapis ; en dernier cas
Je suis !une qu'on n'aime pas.

LOGOGRIPHE I

Comment trouver en un carrosse :
Fruit des pois ; bâton d'évêché ;
Puis cheval qui manque de force ;
Un purgatif ; la saleté ;
L'élan de l'oiseau pour voler ?

LOGOGRIPHE II

Un s de moins, un s de plus
Et nul ne s'y reconnaît plus :
Le dessert devient un...
Le poisson devient du...
Le frisson devient un...
Le coussin devient un...
Le bassin devient du...
Le Russe devient une...
La rosse devient une...
Embrasser devient...
Comme casser devient...
Enfin baisser devient...

MÉTAGRAMME II

Un plaît à la glace apprêté ;
Deux se dore et mûrit l'été ;
Trois par le pêcheur est fêlé.

CHARADE I

Mon premier, le fond du vaisseau ;
Mon deux, voix qui ne va pas haut ;
Mon tout, citrouille à porter
[l'eau.

II

Mon un, outil de couture ;
Mon deux, charmante coiffure ;
Mon tout, angoisse très dure.

agile
aile
aire
barre
berge
braise
cas
cirage
claie
contre
course
écran
église
encan
épice
folie
levier
lie
linge
longe
maire
malice
moins
once
pouce
rage
ravine
reine
roc
route
tourte
trace

Chercher à quelle gravure correspond chacun de ces mots, par anagramme.

SUR LE CERISIER

Cet arbre est un porte-cerise...
Voyez pourtant quelle surprise,
Un gars !... Écoutez la raison :
Un beau jour de l'autre saison
(C'était pendant la fenaison),
Les enfants allaient à la fraise
Dans les bois et sur la falaise.
Un oiseau sur un cerisier
Chantait la joie à plein gosier.

« A moi le nid ! » s'écrie Ambroise.
—« Allons donc, ne cherche pas noise
« Au pauvre petit oiselet... »
— « Je l'aurai, dit le marmouset. »
Il va grimpant comme au gymnase.
L'arbre s'en rit, le nid en jase,
Car une branche se brisant
Laisse le garçon malfaisant,
Soudain accroché par sa blouse,
Se balancer sur la pelouse.

Regardez-le tout à loisir,
Par pitié plus que par plaisir :
L'arbre tient bien sa marchandise,
Or, l'enfant de peur agonise ;
Il est plein d'un remords cuisant,
Et n'est nullement à son aise,
Il se voit là-haut moisissant...
Ses amis, César, Joseph, Blaise,
Crient : « Au secours » peureusement.
On les entend heureusement,
Mais le voisin a l'air morose,
Car ce n'est pas petite chose
D'arriver sans contusion

Avec hâte et précision
A décrocher cette cerise...
Le foin pourtant le tranquillise,
Le foin tendre, il en dévalise
Les environs et l'égalise
Sous le cerisier à sa guise ;

Puis il tranche blouse et chemise,
Et le garçon, sans s'écraser,
Sur l'herbe molle vient giser ;
Il se tâte : point de brisure,
Seulement quelque décousure...
« Oui, tout va bien, dit le voisin,
« Mais n'y reviens pas, mon cousin ! »

JEU DES FINALES

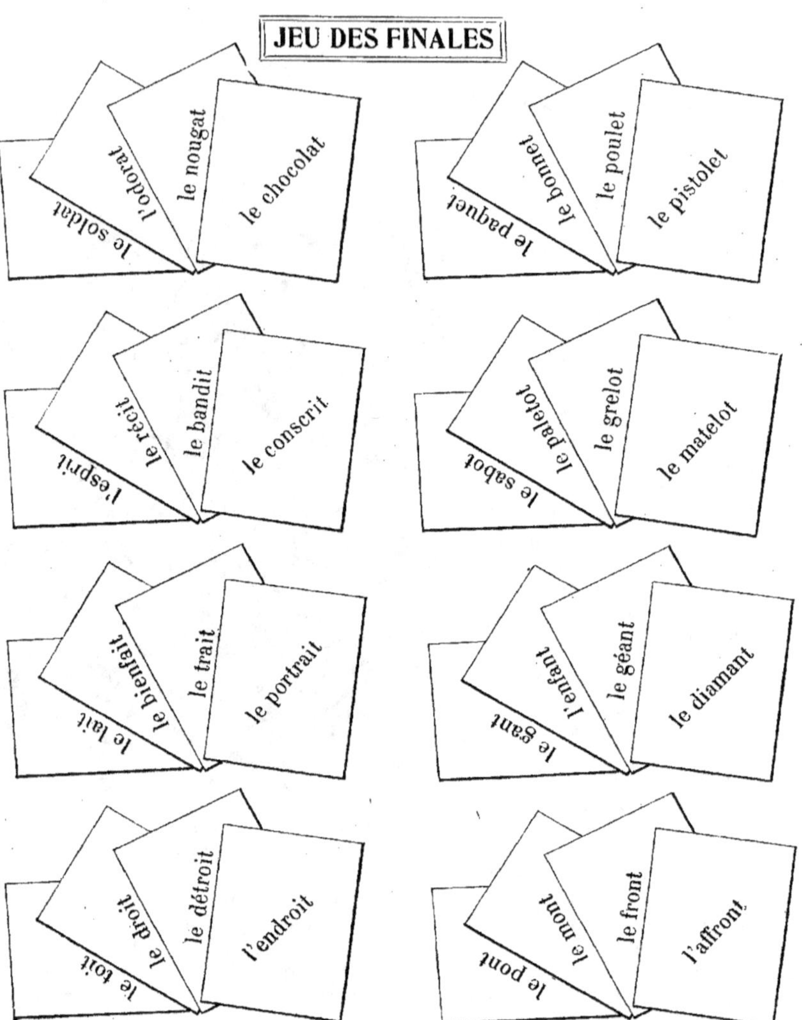

Inscrivez chacun de ces mots sur une petite carte. Brouillez et distribuez jusqu'à ce qu'il ne reste rien. Chaque joueur regarde alors ses cartes et pose devant lui, deux par deux, celles qui ont le même son final. Ainsi le front et le pont; le gant et le géant, etc.

Le premier joueur présente alors les cartes qui lui restent à son voisin de gauche qui en prend une et ainsi jusqu'à ce que chaque carte ait trouvé sa compagne, chaque joueur ôtant toujours de son jeu les cartes qui viennent faire paire avec les siennes. — Le premier qui a les mains vides a gagné.

Le même jeu peut se faire sur toutes sortes de finales, as, os, is, us, aud, ard, etc.

LE PENSUM

UM
pour
OM

En voilà trois pour le pens*um*...
Le vieux maître, avec décor*um*,
Les surveille et les encourage ;
Ils ont tous eu le minim*um* ;
Mais, soignant jusqu'au post-script*um*,
Deux d'entre eux reviendront, je gage,
Prochainement au maxim*um*.

Seul Paul Flane, bâille, s'étire,
Dessine un fumeur d'opi*um*,
En casaque géani*um*,
Vu l'autre jour au musé*um*...
À la fin, comme ultimat*um*,
Le maître dit : « Il faut écrire,
Ou je confisque votre alb*um*. »

AU CHAT! AU CHAT!

Tout en dormant, l'autre nuit,
J'aperçus, près de mon lit,
Deux grands chats venus sans bruit.
Or, pour moi, le peuple chat
Est un peuple scélérat.
L'un, dodu comme un géant
Et fort comme un éléphant,
M'empoigna tel un ballot ;
L'autre me dit : « Pas un mot,
« Et qu'on aille d'un bon trot. »
— « En chemise ! c'est gênant »,
Murmurai-je, tout tremblant.
— « Monsieur voudrait canne et gant,
« Une fleur à son habit :
« C'est un garçon plein d'esprit…
« Oust ! en marche et ça suffit. »
Ciel ! le commissariat
Et voilà le magistrat ;
C'est encore un chat. Il dit :
« Qu'est cet homme et son délit ? »
— « Chef, c'est un futur forçat,
« Déjà plein d'assassinat :

« D'abord, il conte partout
« Qu'il a les chats en dégoût ;
« Il nous nomme, en son argot,
« Maudits voleurs de fricot…
« S'il manque un os au gigot,
« Une aile à la poule au pot,
« Il nous accuse aussitôt.
« Il croit avoir découvert
« Que nous touchons au dessert.
« Enfin, quand il aperçoit
« Un chat rêvant sur son toit,
« Vite, il lui promet la mort
« Et va chercher pour renfort
« Son grand fusil à ressort,
« Puis il vise au bon endroit,
« Et s'il n'était maladroit… »
— « Je demande un avocat »,
M'écriai-je avec éclat.
— « Prévenu, c'est un affront »,
Dit le chef, « outrage dont
« Tu vas pâtir : Au cachot !
« Lieu de rat et d'escargot… »

Le chef et son substitut
Me poussent… C'est mon salut
Car soudain, dans le combat,
Je tombe de mon grabat :
C'était un rêve… Vivat !

LOGOGRIPHE
Sur cinq pieds, ce qui contraint ;
Quatre, contraire de nain ;
Et trois, habit de la main.

ANAGRAMME
Pour m'acheter au bijoutier,
Brouilles : voilà de quoi payer.

Solutions. — *Log.* : TNANÉG, TNAÉG, TNAG. — *Anag.*
TANERG, TNEGRA.

LA GALETTE

L'autre jour, assis sur l'herbette,
Toinet mangeait une galette,
Se régalant de son emplette
Sans en donner la moindre miette
A son jeune chien Pirouette,
Ni même à Carotte, sa chatte.
Carotte est leste de la patte
Comme un enfant de sa menotte ;
Le morceau tente sa quenotte,
Et sans cuillère ni fourchette,
Elle prend la tarte mollette...

Aussi rouge que sa calotte
(Sa calotte est couleur griotte),
Mon Toinet court après Minette
Et fait lâcher la tartelette ;
Mais Pirouette, qui la guette,
Sans façon la prend dans la crotte ;
Avec elle, à son tour il trotte.
A la course, le trio lutte,
On descend et monte la butte ;
A la fin, malgré crotte et motte,
Le couple de fripons gigotte,
Là, Pirouette, ici Carotte...
Mais hélas ! il ne reste miette,
Monsieur Toinet, de la galette.

DIMINUTIFS

Cloche fait clochette,
Et broche, brochette ;
Poule fait poulette,
Et boule, boulette ;
Pince fait pincette,
Et lance, lancette,
Casque fait casquette,
Et plaque, plaquette ;
Fille fait fillette,
Et paille, paillette ;
Col fait collerette,
Et fleur fait fleurette.

ANAGRAMME	LOGOGRIPHE	MÉTAGRAMME
Neuf pieds, je pleure souvent ;	*Tirez d'oiseau singulier :*	*D'abord sabre d'Arlequin ;*
Brouillez, je tourne à tout vent.	*Le panier du chiffonnier ;*	*Puis fruit brun très africain ;*
CHARADE	*Une espèce de cabane ;*	*Parfois vase plein de crème ;*
Un, lieu de jeu d'écolier ;	*Un jupon de paysanne ;*	*Morceau de bois plat et long ;*
Deux, légume familier ;	*Un port sur étang et mer ;*	*Tapis de paille et de jonc ;*
Révérence, mon dernier.	*Un lac salé du désert.*	*Pied d'oiseau, d'insecte même.*

Solutions. — *Anag.* : ERÉITTUOG, ETTEUORIG. — *Charade* : ETTER-RUOC. — *Log.* : ETTEUOHC, ETTOH, ETTUH, ETTOC, ETTEC, TTOHC. — *Mét.* : ETTAR, ETTAD, ETTAJ, ETTAL, ETTAN, ETTAP.

Était-ce au temps du muguet?
Non, mais au temps du civet...
Dans les champs, dans la forêt,
Partout lacet et furet,
Et fusil ou pistolet,
Car, chez Monsieur le Préfet,
On donnait un grand banquet.

— « Ça, dit Jeannot le cadet,
Nous tremblons tous en secret :
Plus de goût au serpolet...
Eh bien! Frères, je suis prêt
A m'immoler sans regret
Pour vous, et, par ricochet,
Pour la gloire du buffet.
Je suis jeune et rondelet,
J'aurai même du fumet ;
Oui! j'ai là, dans mon paquet,
Ma poivrade et... du toupet :
Et je promets au gourmet
Le plus étonnant civet.
Courage! » — Il part d'un seul jet...

On s'arrache le duvet
Et l'on pleure à son sujet ;
Quant à lui, notre pauvret,
Il trotte tout le trajet,
En méditant son projet ;
Et si la chance permet,
Il reverra son bosquet....
— Or, chez Monsieur le Préfet,
Il arrive sans arrêt.
Ne rencontrant nul valet,
Il entre par un guichet,

Et vite, il bat le briquet,
Attise avec le soufflet,
Pèle carotte et navet,
Puis apprête le bouquet,
Et met tout dans le baquet.

Soudain, coiffé du bonnet.
M. Vatel, fort replet,
Paraît et reste muet...
Il croit voir un farfadet.
Or, Jeannot, d'un air discret,
Verse un peu de vin clairet
Et, dessus la sauce, met...,
Sa photographie, objet
Qu'il a toujours au gousset,
Puis il dé-   tale.... En effet,
Que manque-   t-il au civet?

MÉTAGRAMMES

J'ai deux têtes à mon service :
Par l'une je suis hameçon ;
Avec l'autre je suis poisson ;
Et voilà toute ma malice.

II

De l'enfant je fais le plaisir ;
Puis je ne cause que soupirs ;
Je file enfin pour vous vêtir.

III

Six pieds, je tue à mon passage ;
Changez : la broche est mon partage.

Solutions. — Mét. I. TEHCORC, TEHCORH. — II. TEUOJ, TEUOF, TEUOR.
III. TELUOB, TELUOP.

ANTI-CALVITIE

Bébé : « De cette lotion
« Versons-nous une portion ;
« Versons fort, c'est l'essentiel,
« Bain complet et non partiel...
« Bientôt, quelle admiration,
« Quand on verra ma calvitie
« S'en aller sans péripétie.
« La barbe est mon ambition...
« J'en aurai ! Jubilation !
« Si jeune ! Quelle exception !
« Pour une bien moindre action
« On est mis au dictionnaire... »

Calme comme un factionnaire,
Il attend sans distraction,
Et sent la végétation
Qui pousse à la perfection.
Est-ce d'un noir égyptien ?
Ou d'un rouge vénitien ?
Qu'importe... On vient ! Attention !...
Quel concert d'exclamations !
C'est peut-être une ovation ?...
Nullement : Consternation !
Déception ! Affliction !
Vexation ! Crispation !
Telle est la situation !...
Maman avec précaution
Observe, non sans minutie,

Barbe et cheveux, puis balbutie :
« Ciel ! quelle transformation,
« O cher trésor d'affection ! »
Sœur dit : « Félicitation ! »
Grand'mère est émotionnée,
Presque révolutionnée...
Avec exaspération,
Papa s'écrie impartial :
« Barbe d'ancêtre, air martial,
« C'est un monstre en réduction,
« Et bon, sans hésitation,
« Pour la décapitation !... »

Puisse une autre décoction
Leur donner consolation !

MÉTAGRAMME

*Sur ll, rassemblement ;
Et sur rr, châtiment.*

ÉNIGME

*Je dois l'avouer : ici
C'est le monde renversé ;
Jeudi précède lundi,
Vendredi suit samedi,
Enfin, mi précède ré,
Et le café, le rôti !*

LOGOGRIPHE

*D'un fonctionnaire
Tirer : terre entière ;
Peuple ; manquement ;
Vile odeur ; fragment ;
Savoir commençant ;
Acte et son contraire ;
Fable ; frottement ;
Guet ; peu d'aliment :
Et désistement.*

SANS INVITATION...

Cabri s'impatientait dans son étable : il entendait du bruit dans l'habitation et il tirait fort sur sa corde, en pensant avec indignation : « Je devrais être en récréation depuis longtemps. » — Crac, le voila libre, sans condition.

Il commence un voyage d'exploration minutieuse qui l'amène chez les chats. Protestations de ceux-ci : « Quel est ce prétentieux animal ? Vient-il sans invitation déjeuner avec nous ? Quelle indiscrétion !

— Oh ! répond Cabri d'un ton confidentiel, vous êtes des chatons sans éducation, car vous me regardez comme si j'arrivais dans une plantation de jeunes arbres.... Je n'ai pas encore déjeuné, c'est vrai, et c'est essentiel pour ma santé que je fasse de bonne heure un repas substantiel, mais je ne veux pas votre pâtée, j'aime mieux ma portion de trèfle.

CHARADE

Un, touffe végétale ;
Deux, teinte lilas pâle ;
Tout, pâte pectorale.

MÉTAGRAMME

Change trois fois :
Bijou des doigts ;
Poignard tranchant ;
Et flot mouvant.

LOGOGRIPHE

Tirer d'une fleur :
Tout l'art d'un docteur :
Loge à sentinelle ;
Chausse sans semelle ;
Assauts et batailles ;
Terrain sans semailles :
Sorte de violon ;
Lieu d'eau peu profond ;
De beaucoup contraire :
D'un veilleur l'affaire :
Plante parasite...
Tout en marguerite.

Solutions. — Char. : EUPAT-IUG.
Métag. : EUGAR, EUGAD, EUGAY,
— Log. : ETIREUGRAM, RIREUG,
ETIREUG, ERTÈUG, ERREUG,
TEREUG, ERATIUG, EUG, CREUG,
TEUG, IUG.

— A la foire, chez Guillaume
En suçant de la guimauve
On peut ouïr la harangue
D'un perroquet bonne langue.
Puis, on entend son collègue,
Un perroquet un peu bègue,
Qui, cent fois, dit sans fatigue :
« Une fi-fi-fi-fi-figue. »
On voit un cheval fougueux
Qui, le poil long et rugueux,
Vient jouer un morceau d'orgue
En saluant avec morgue.

Puis, on voit danser la gigue,
A la famille Rodrigue,
Beaux singes de Saint-Domingue,
Que l'on aime et l'on distingue
Pour leur esprit, leur vigueur,
Leur souplesse et leur longueur.

Chacun d'eux sait conjuguer
Le verbe se déguiser :
En chasseur, l'un va guetter
Le gibier dans le guéret ;
Hélas ! le pauvre guerrier
Met le pied dans un guêpier,
Et se tord comme une anguille
En secouant sa guenille.
L'autre fait un guitariste ;
Un autre joue au droguiste
Au chevet d'un jeune dogue ;
Il lui fait prendre une drogue
Atroce, pour le guérir...

— Mon discours vous fait languir ?
Entrez plutôt chez Guillaume,
Achetez de la guimauve,
Et vous rirez sans fatigue
D'un bon rire inextinguible !

Jeune mousse et sans laquais,
Un jour, j'errais sur les quais
De la lointaine Amérique,
Quand je vis avec musique
S'avancer quatre Iroquois,
Avec piques et carquois ;
Ils avaient un air narquois.
Soudain, il en vint quarante,
Quarante-cinq ou cinquante,
Une immense quantité,
Tous de bonne qualité.
L'un me dit : « Pas de quartier !
« Tu périras ce quantième

ENCORE
une
CRAQUE
de
M. de
CRAC

« Et seras le quarantième ;
« Réjouis-toi, ta défroque
« Sera mangée à la coque. »
Fier comme un coquelicot,
Je dis : « C'est un quiproquo,
« Dispersez-vous sans réplique,
« Ou, des enfants d'Amérique,
« Je fais un grand pique-nique... »
A ces mots, quelle panique,
Mes enfants, c'était comique !

Note.

1° **quaire, caire.** 3 mots seulement ont la terminaison **quaire** :

*l'antiquaire
la moustiquaire
le reliquaire.*

2° **quable, cable.** 5 mots ont la terminaison **quable** :

*attaquable
critiquable
remarquable.
remorquable
risquable*

MÉTAGRAMME I
Je suis avec sept pieds un joli petit bois :
Une touffe de fleurs, si vous changez mon trois.

MÉTAGRAMME II
Voici dans mes six pieds un peuple ; une coiffure ;
Un bassin ; ce qu'on met pour cacher la figure.

LOGOGRIPHE I
Sept pieds, sans être bâtisse
Je peux être logement :
Sans mon cœur sur l'eau je glisse
Bercé des flots et du vent.

LOGOGRIPHE II
Tirer d'un coquelicot :
Enveloppe d'œuf ; lambeau ;
Puis la plus simple serrure ;
Bonnet d'avocat ; enflure ;

Piquant insecte ; enrayure ;
Gens de peu ; bonnet d'enfant ;
Qui veut plaire en se parant ;
Quatre pronoms relatifs,
Et malaise intempestif.

Solutions. — *Métag.* : I. TEUQSOB, TEUQUOR. — II. EUQSAB, EUQSAC, EUQSAV, EUQSAM. — *Log.* : I. EUQARAB, EUQRAB. — II. TOCILEUQOC, EUQOC, EUQOL. TEUQOL, EUQOT, EUQOLC, EUQIT, TEUQILC, EUQILC, TEUQOT, TEUQOC, IUQ, EUQ, IOUQ, LEUQ, EUQILOC.

POIX ET PIN RÉSINEUX

Dans les environs de Dax,
A son vaillant chien Ajax,
Un jour, monsieur Quincampoix
Dit avec sa grosse voix :
« Allons chasser la perdrix,
J'en tûrai bien cinq ou six... »
— « Ou peut-être même dix,
Et quelque lièvre de prix, »
Dit la dame à son époux.

— « Surtout, lui crie un jaloux,
D'un ton plutôt aigre-doux,
Prenez un fort portefaix,
De ceux portant à leur choix
Sac de chaux et sac de noix. »
— « Ça, qu'on me laisse la paix, »
Répond l'autre avec courroux,
Entre deux accès de toux...

Il part. Voici dans un creux
Un beau lièvre, même deux...
Il tire au plus vigoureux.
Avec un bruit de silex
Le fusil part sous l'index.

Mais le chasseur malchanceux
Vise à faux, et de vos yeux,
Vous voyez son coup fâcheux.

D'effroi, M. Quincampoix,
Met les deux jambes en croix,
Et le lièvre glorieux
Fuit sous ce pont généreux.
Alors, notre pauvre preux,
Tout chancelant, comme au flux
De la mer et son reflux,
Tombe sur le sol mousseux...

    Le chien est affreux !
    Le maître est honteux !...

— « Rentrer sans ma queue à Dax,
Impossible ! » dit Ajax.
— « Va, dit monsieur Quincampoix,
C'est le pays de la poix !
Le premier pin résineux
Te la collera, mon vieux ! »

N'importe, ils eussent fait mieux,
Je crois, de rester chez eux !

Note : 1° **x** = **s** *dans six, dix, soixante, Bruxelles, etc.;* *neuf;* 3° **x** = **gz** *dans l'exactitude, l'exagération, l'examen,*
2° **x** = **z** *dans deuxième, sixième, dixième, dix-huit, dix-* *l'exemple, l'exercice, l'exil, l'exigence, etc.*

YVONNE EN VOYAGE

« Messieurs les voyageurs, en voiture! » crie un employé, l'air ennuyé, en avalant la moitié des syllabes ; les cylindres de la locomotive nouveau système pouffent comme un cyclone et sifflent à briser le tympan ; par sympathie, la cheminée en col de cygne fume à asphyxier : autant de symptômes de départ.

Pauvre famille Noyer ! pas moyen de caser ensemble la dynastie : les parents, Sylvain et Cyrille les lycéens, Lydie, Raymond et Yvonne... et quelle kyrielle de paquets ! — Heureusement les bicyclettes sont aux bagages...

— « Suis-moi, dit à Raymond, d'un air mystérieux, Yvonne, son jeune tyran ; papa est myope et avec mes yeux de lynx et mon prix de gymnastique, je trouverai mieux. » En effet, elle crie bientôt à plein larynx : — « Huit places ! de l'air, de l'espace. C'est synonyme !... »

On installe gens et paquets avec symétrie... — « Maintenant, dit Yvonne, en avant la machine foudroyante sous le soleil rayonnant, dans le pays verdoyant, et surtout pas de cataclysme ! »

<table>
<tr><td>LOGOGRIPHE I</td><td>MÉTAGRAMME</td><td>LOGOGRIPHE II</td></tr>
<tr><td>Respecte-moi sur sept pieds :
Je fais la santé ;
Évite-moi sur cinq pieds :
Je suis carnassier.</td><td>Ouragan
Avec tourbillon ;
Ou géant
Avec l'œil au front.</td><td>Tirer d'un chrysanthème :
Despote ; arbuste vert ;
Cadence ; au lapin cher ;
Fermier ; secret suprême.</td></tr>
</table>

— Azor, mettre les doigts au nez,
C'est mal, on nous le dit assez.
Or, qu'arrive-t-il? écoutez :
Dans la neige, l'autre quinzaine,
C'était le onze ou bien le treize,
Ou bien le quatorze ou le seize,
Je fis des géants par dizaine
Dont six beaux, la demi-douzaine.
Tous alignés à l'horizon,
Assis sur le banc de gazon,
Juste au-dessous du grand mélèze
Où les moineaux font gazouillis;
Qu'ils étaient fiers! blancs comme riz,
Les deux bras croisés en trapèze,
Sous leur burnous de blanche gaze,
Avec casseroles pour fez;

Et quels gros légumes pour nez!
D'abord, la carotte topaze,
Puis le poireau vert azuré.
Puis le topinambour bronzé...
Mais quelqu'un me dit : « Admirez!
« A cela vous ressemblerez,
« Si plus longtemps vous persistez
« A mettre vos doigts dans vot' nez,
« (Ou bien des noyaux, vous savez,)
« Car un jour, vous y sèmerez
« Tout un jardin... Oui, vous verrez!...
« Vous tressaillez, ô ma gazelle,
« Mais l'on dira dans la gazette :
« Voici l'enfant au nez bizarre,
« Qu'il ait nom Zadig ou Lazare,
« Il n'est rien de mieux au bazar. »

Ouf! j'en frémis comme un lézard,
Comme un chevreuil, comme un izard...
Azor, dites, vous le croyez?
Que dois-je penser, répondez?

LOGOGRIPHE

Tirer d'un chant d'oiselet :
Tissu transparent, léger;
Pic au milieu du visage;
Chose utile à l'éclairage;
Animal très bondissant :
Herbe courte dans la plaine :
Un peu moins que la douzaine;
Aux tropiques, certain vent :
Empressement;
Grande part de l'atmosphère;
Largeur entre deux lisières.

Solutions. — TREMELLIVOZAG, EZAG, ZEN, ZAG, ELLEZAG, NOZAG, EZNO, EZILA, ELÉZ, ETOZA, EZIAL.

(Certaines lettres n'ont pas leur valeur ordinaire.)

Œ = EU

L'œillet. L'œil
L'œillade, etc.

E = A

Hennir. Le hennissement
Ennivrer
Ennoblir
Ennorgueillir
La solennité. Solennel
La rouennerie, etc.

U *sonore après* G

La ciguë
Contiguë. La contiguïté
Ambiguë. L'ambiguïté
L'aiguille. L'aiguillon
Aiguiser

A *muet*

Un toast
La Saône
Le mois d'Août

C *muet*

La becquée. Becqueter
L'acquisition. Acquérir
L'acquit. Acquitter, etc.

ILLI = ILI

Le mi*lli*on. Le mi*lli*ard
Le mi*lli*ème
Le grose*illier*
Le joa*illier*
Le mancen*illier*
Le margu*illier*
Le quinca*illier*, etc.

S = Z *après consonne*

L'Alsace. L'Alsacien
La balsamine
La transaction, etc.

U *sonore après* Q

Équestre (Une statue)
L'équitation
Le questeur. La questure
Quintuple
Quinquagénaire

SC

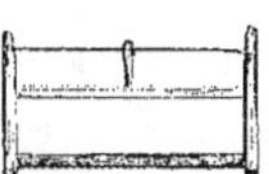

La scie. Le scieur.
La scierie. La sciure.
La sciatique
La science. La conscience
La scène
Le sceptre
Le sceau. Le scellé
Le scélérat
La piscine. La pisciculture
La convalescence
L'ascension. L'ascenseur
La descente
Le faisceau
La susceptibilité
L'adolescence
Le disciple. La discipline
Discerner
Scintiller, etc.

OE, OÊ = OI

La poêle. Le poêlon
Le poêle. Le poêlier
La moelle
Le moellon
Moelleux, etc.

C = G

Second. Secondaire
Seconder, etc.

U = OU

L'aquarium. Aquatique
L'aquarelle
L'équateur
Quadruple
Le quadrupède.

O *muet*

Un paon
Un faon
Un taon
La ville de Laon, etc.

M *muet*

L'automne
La condamnation
Le condamné, etc.

PS *muets*

Le tem*ps*. Le printem*ps*
Le cor*ps*.

TS *muets*

Le pui*ts*

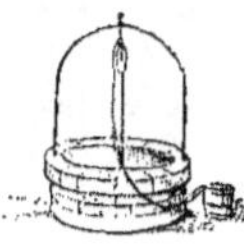

Solutions des Anagrammes de la page 37

1. Croche - Cocher.
2. Digue - Guide.
3. Épicerie - Épicière.
4. tang - Géant.
5. Laiterie - Laitière.
6. Mercerie - Mercière.
7. Natte - Tante.
8. Neuve - Neveu.
9. Orge - Ogre.
10. Partie - Pirate.
11. Règne - Nègre.
12. Sauterne - Sénateur.

1. Alpin - Lapin.
2. Aunage - Agneau.
3. Cordon - Condor.
4. Épi - Pie.
5. Fumoir - Fourmi.
6. Girolle - Gorille.
7. Givre - Grive.
8. Loupe - Poule.
9. Niche - Chien.
10. Signe - Singe.
11. Train - Tarin.
12. Voter - Orvet.

1. Camus - Sumac.
2. Corne - Ronce.
3. Église - Seigle.
4. Germaine - Graminée.
5. Lampe - Palme.
6. Proie - Poire.
7. Remise - Merise.
8. Râtle - Ortie.
9. Sobre - Sorbe.
10. Voile - Olive.
11. Voilette - Violette.
12. Voilier - Olivier.

1. Acier - Craie.
2. Ami - Mai.
3. Angle - Lange.
4. Chope - Poche.
5. Claire - Éclair.
6. Éclat - Lacet.
7. Grêle - Règle.
8. Ingrat - Gratin.
9. Ligne - Linge.
10. Lime - Miel.
11. Nacre-Crâne-Écran-Rance.
12. Rage - Gare.

ANAGRAMMES GÉOGRAPHIQUES

Un professeur de géographie dit à ses élèves : « Je voulais vous faire aujourd'hui une intéressante récapitulation générale, mais plusieurs noms m'échappent. Aidez-moi à les chercher : D'abord une partie du monde où l'on est toujours à l'aise (EISA). Puis voici cinq pays : L'un naît d'un petit grain de maïs (MAIS) ; d'un chien faire le 2ᵉ (ENIHC) ; le troisième est produit par un coup de serpe (ESREP) ; le 4ᵉ se tire de la proue d'un navire (VOREP) ; le 5ᵉ s'échappe d'une gerce (ECÈRG).

Maintenant des villes : L'une fort ancienne, célèbre par son cheval, se trouve dans une ortie (EIORT) ; la 2ᵉ vient d'un régal délicieux (REGLA) ; la 3ᵉ d'une guêtre (TEREUG) ; d'un enfant malin faire la 4ᵉ (NALIM) ; un orme suffit pour bâtir la 5ᵉ (EMOR) ; dans la 6ᵉ on trouve un ange (NEGA) ; enfin d'une plaine faire la ville des images (LANIPE).

Voyons encore quelques départements : L'un, alpestre, se tourne en risée (ERÈSI) ; dans un autre habite le brave Médor (EMORD) ; un bloc de grès suffit à faire le 3ᵉ (SREG) ; dans un pot de céruse se trouve le 4ᵉ (ESUERC) ; le 5ᵉ, plein de mines de charbon, tient dans un rond (DRON) ; le 6ᵉ est le travail d'un ver à soie (ESIO) ; le héron au long cou porte le 7ᵉ toujours avec soi (ENOHR) ; enfin, le 8ᵉ compose un dîner (ERDNI).

HOMONYMES

I
Il faut 3 pieds pour le **bal** *;*
4 pour aller à **Bâle** *;*
5 pour jouer à la **balle***.*

II
Sur 5 pieds, œuf à la **coque** *;*
4, nous brûlons du **coke** *;*
Et 3, c'est le chant du **coq***.*

III
Sur 5 pieds, M. le **maire** *;*
Sur 4, ma bonne **mère** *;*
Et sur 3, la vaste **mer***.*

IV
Sur 3 pieds on fait le **mal** *;*
Sur 4 on prend un air **mâle** *;*
Et sur 5 on fait sa **malle***.*

V
4 pieds, la **peau** *du veau :*
Puis, 3 pieds, le **pot** *à eau ;*
Et 2 pieds, le fleuve **Pô***.*

VI
Sur 5 pieds, arbre : le **saule** *;*
4 pieds, poisson : la **sole** *;*
3, note ou terrain : le **sol***.*

VII
Le doigt sanglant a du **sang** *;*
L'homme sensé du bon **sens** *;*
Et la centaine vaut **cent***.*

VIII
Le vendeur tant qu'il peut **vend** *;*
Le vanneur branle son **van** *;*
Et l'éventail fait du **vent***.*

IX
Le vinaigre vient du **vin** *;*
Par vanité l'on est **vain** *;*
Et la vingtaine vaut **vingt***.*

LES HOMONYMES

Chantons enfin la gamme en **chœur** *:*
La musique adoucit le **cœur** *!*
— Deux pieds, 1ʳᵉ note : **do** *;*
Trois pieds, contraire à devant : le **dos***.*
— Deux pieds, 2ᵉ note : **ré** *:*
Quatre, ligne ou poisson : la **raie***.*
— Deux pieds, 3ᵉ note : **mi** *;*
Trois, intérieur du pain : la **mie***.*
— Deux pieds, 4ᵉ note : **fa** *;*
Trois, personnage vain : le **fat***.*

DE LA GAMME

— Trois pieds, 5ᵉ note : **sol** *;*
Quatre, encore un poisson : la **sole** *;*
— Deux pieds, 6ᵉ note : **la** *;*
Trois, après fatigue on est **las***.*
— Deux pieds, 7ᵉ note : **si** *;*
Quatre, instrument à dents : la **scie***....*
Chantons ainsi la gamme en **chœur** *:*
La musique adoucit le **cœur** *;*
Et si l'on applaudit ce **chant**
*Nous le reprendrons sur-le-***champ** *!*

Ne pas confondre ce mot **Fin**
Qui dit finir, être à la fin...
Avec **faim** *qui fait affamé*
Et qui n'est bon qu'avant dîné !

Table des Jeux

Table des Jeux

L'orthographe de l'avenir.

www.ingramcontent.com/pod-product-compliance
Lightning Source LLC
LaVergne TN
LVHW012048030726
842523LV00002B/444